기초를 **정확히** 잡아주는
비전공자를 위한 **파이썬 시작 노트**

루키를 위한 길잡이 with 파이썬

JN442669

비전공자도 이해할 수 있도록 기초부터 탄탄하게 구성하였습니다.
예제 중심 구성으로 "직접 해보면서" 배우는 파이썬 입문서입니다.
복잡한 설명보다는 이해를 위한 핵심 내용만 구성하였습니다.
코딩!!! 이 책과 함께하면 한 걸음씩 발전해 나갈 수 있습니다.

PREFACE

최근 인공지능(AI)과 같은 디지털 기술이 일상 깊숙이 스며든 오늘날, 프로그래밍은 더 이상 특정 전공자만의 전문 영역이 아니다. 문제를 이해하고 해결하는 방식이 점점 데이터 기반으로 변화하면서, 프로그래밍은 누구에게나 필요한 '새로운 문해력'이 되고 있다. 그중에서도 파이썬은 간결한 문법과 높은 활용성 덕분에 비전공자에게 가장 친숙한 첫 번째 언어로 자리 잡고 있다. 이 책은 바로 그러한 변화 속에서 프로그래밍을 처음 접하는 학습자들이 주저하지 않고 첫걸음을 내디딜 수 있도록 돕기 위해 만들어졌다.

많은 비전공 학습자는 프로그래밍을 배우고자 마음먹는 순간부터 막막함을 느낀다. 생소한 용어, 복잡한 코드 구조, 추상적인 개념은 처음 배우는 이들에게 장벽이 되곤 한다. 이 책은 이러한 어려움을 최소화하기 위해 '읽는 책이 아니라, 해보는 책'이라는 원칙으로 구성되었다. 각 장에는 핵심 개념을 단순화하여 설명하고, 바로 따라 해볼 수 있는 실습을 배치해 자연스럽게 이해가 이어지도록 하였다. 예를 들어, 텍스트 데이터와 숫자 데이터의 차이를 처음 이해하는 과정부터 print 함수로 간단히 대화를 시작하고, 변수 · ·자료형 · 반복문 · 함수와 같은 필수 개념까지 한 단계씩 실습을 통해 체득할 수 있도록 구성하였다. 학습자가 직접 입력하고 실행하면서 '왜 이렇게 동작하는가'를 자연스럽게 발견하도록 설계했다.

또 이 책은 일상 언어로 설명된 비유와 예시를 적극적으로 활용했다. 변수를 전화번호 저장 공간에 빗대어 설명하거나, 데이터 타입을 일상 속 문자 · 숫자, 컬렉션 데이터는 카페 테이크아웃, 함수는 자판기 등과 같이 개념과 연결해 이해시키는 방식은 전공 지식이 없는 독자도 쉽게 개념의 틀을 잡도록 돕는다. 각 장마다 제공되는 간단한 문제와 실습은 학습자가 스스로 점검하며 자신의 성장을 확인할 수 있는 장치이기도 하다. 이는 "비전공자도 이해할 수 있도록 기초부터 탄탄하게 구성한다."라는 목표를 충실히 반영한 부분이다.(예: 본문 곳곳의 친절한 개념 요약, 실습 예시, 오류 메시지 분석 등)

루키를 위한
길잡이
with
파이썬

파이썬은 교육 · 데이터 분석 · 인공지능 · 웹 개발 등 다양한 분야에서 활용되는 언어이지만, 이를 모두 깊이 다루는 것이 비전공 입문서의 역할은 아니다. 이 책은 '배워서 바로 쓰는 기초력', 즉 스스로 문제를 정의하고 작은 프로그램을 만들어 해결할 수 있는 기반을 다지는데 집중한다. 독자가 책의 흐름을 따라 실습을 마치고 나면 '파이썬'이라는 언어를 두려움 없이 탐구할 준비가 갖추어지며, 이후 다양한 분야로 확장할 수 있는 자신감을 얻게 될 것이다.

프로그래밍 학습의 핵심은 속도가 아니라 '지속성'이다. 처음부터 모든 내용을 완벽히 이해하려 하기 보다는 작은 코드 한 줄을 직접 작성하고 실행해 보고, 오류 메시지를 읽고 다시 고쳐보는 과정 속에서 사고의 깊이가 쌓일 수 있도록 그 과정을 끝까지 함께하는 친절한 동반자가 되고자 한다. 파이썬을 처음 만나는 모든 학습자가 이 책을 통해 스스로 성장하는 기쁨을 경험하기를 바란다. 끝으로 이 책이 동국대 저서지원사업을 통해 출간될 수 있었던 만큼, 학교와 동국대출판문화원 박기련 대표에게 감사를 전한다.

이제, 컴퓨터와의 새로운 대화를 시작해보자.!!

저자 안형근

CONTENTS

CHAPTER 03

변수와 입력하기

CHAPTER 04

연산자로 처리하기

CHAPTER

05 선택하여 처리하기 : 조건문

CHAPTER

06 반복하며 처리하기 : 반복문

CHAPTER

07

문자열의 효율적 처리

CHAPTER

08

데이터 세트(1) 리스트

CHAPTER

09

데이터 세트(2) 튜플, 딕셔너리

CHAPTER

10

함수(function)는 자판기

CHAPTER

01 파이썬으로 대화하기

1

대화에는 언어가 필요해

일반적으로 사람과 사람이 서로 대화(의사소통)를 할 수 있도록 도와주는 도구는 바로 언어Language이다. 대화 할 상대가 미국인이라면 영어를, 일본인이라면 일본어를 사용하는 것과 같이 각 나라에는 그 나라의 고유한 언어가 존재한다.

그림 1-1 사람과 사람과의 의사소통에 필요한 언어

상황을 바꾸어서 사람이 컴퓨터를 사용한다는 것은 기계와의 의사소통이라고 할 수 있다. 그렇다면 컴퓨터와의 의사소통을 위해서는 무엇이 필요할까? 사람과 사람이 소통할 때 언어를 사용하는 것과 동일하게 사람과 컴퓨터가 서로 소통하기 위해서도 언어를 사용해야 하는데, 그때 필요한 것이 바로 프로그래밍 언어Programming Language이다.

그림 1-2 사람과 컴퓨터와의 의사소통에 필요한 프로그래밍 언어

프로그래밍 언어는 컴퓨터에서 작동하는 소프트웨어(프로그램)를 만드는 도구와도 같다. 사람이 사용하는 언어가 다양하듯 프로그래밍 언어 또한 그 수가 많고 다양하다. 대표적인 프로그래밍 언어로는 Python, Java, C#, C/C++, JavaScript, Go 등이 있으며, 현재 가장 많이 사용되는 대표적인 프로그래밍 언어가 바로 파이썬Python이다.

파이썬과 같은 프로그래밍 언어를 이용하여 컴퓨터에서 실행할 수 있는 프로그램program을 작성할 수 있다. 프로그램은 컴퓨터에서 실행될 특정한 작업을 수행하는 일련의 명령어 모음(집합)이라고 할 수 있으며, 프로그램을 만드는 작업을 프로그래밍programming 또는 코딩coding, 프로그램을 작성하는 사람은 프로그래머programmer라고 한다.

참고 소스 코드, 번역기(컴파일러, 인터프리터)

소스 코드 source code

프로그래밍 언어의 기본 명령 규칙(문법)에 따라 작성(코딩)된 프로그램을 말한다.

번역기(컴파일러, 인터프리터)

프로그래밍 언어로 작성된 소스 코드가 컴퓨터에서 실행하기 위해서는 컴파일러compiler나 인터프리터interpreter와 같은 번역기가 필요하다.

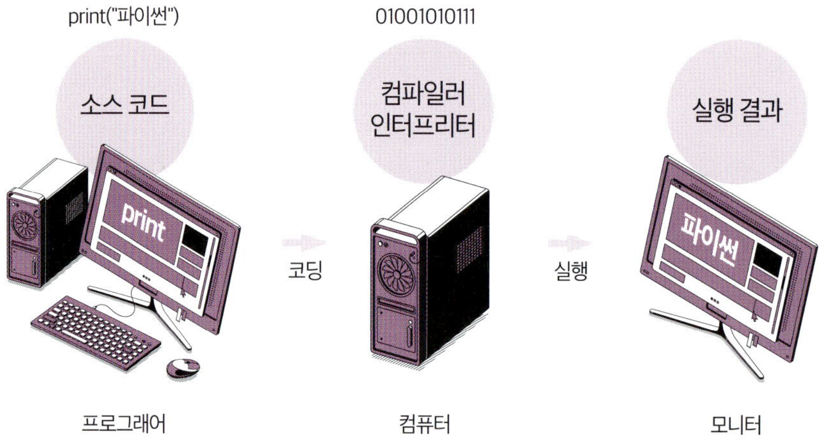

① **컴파일러** : 프로그래밍 언어로 작성된 소스 코드를 컴퓨터가 이해할 수 있는 기계어로 변환하고 실행 파일을 생성하여 실행시키는 방식이다.

예) 자바, C, C++, Go 등

② **인터프리터** : 프로그래밍 언어로 작성된 소스 코드를 한 번에 한 줄씩 읽어서 실행하는 방식이다.

예) 파이썬, 베이직, 자바스크립트 등

2

파이썬 언어의 특징

파이썬[1)]은 1991년에 귀도 반 로섬(Guido van Rossum)에 의해 개발되었으며 프로그래밍 교육, 인공지능, 데이터 분석 및 빅데이터BigData, 백엔드Back end, 프론트엔드Front end, 웹 스크래핑Web scraping 등 다양한 분야에서 사용되고 있다. 참고로 2025년 현재 TIOBE 인덱스 기준 프로그래밍 언어 1위를 하고 있을 정도로 인기가 높다.

Oct 2025	Oct 2024	Change	Programming Language	Ratings	Change
1	1		Python	24.45%	+2.55%
2	4	↑	C	9.29%	+0.91%
3	2	↓	C++	8.84%	-2.77%
4	3	↓	Java	8.35%	-2.15%
5	5		C#	6.94%	+1.32%
6	6		JavaScript	3.41%	-0.13%
7	7		Visual Basic	3.22%	+0.87%
8	8		Go	1.92%	-0.10%
9	10	↑	Delphi/Object Pascal	1.86%	+0.19%
10	11	↑	SQL	1.77%	+0.13%
11	9	↓	Fortran	1.70%	-0.10%
12	29	⇈	Perl	1.66%	+1.10%
13	17	⇈	R	1.52%	+0.43%
14	15	↑	PHP	1.38%	+0.17%

그림 1-3 프로그래밍 언어 인기 지표(출처 : https://www.tiobe.com/tiobe-index/)

1 위키백과 파이썬 : https://ko.wikipedia.org/wiki/%ED%8C%8C%EC%9D%B4%EC%8D%AC

인기 있는 파이썬 프로그래밍 언어의 주요 장점은 아래와 같다.

1. 간단하고 읽기 쉬운 문법으로 빠른 프로그램 작성이 가능하다.

파이썬은 다른 프로그래밍 언어에 비해 문법이 간단하고 직관적이며 코드를 작성할 때 특별한 기호나 복잡한 구조를 사용하지 않아도 되기 때문에 코드의 가독성이 뛰어나다. 또한 다른 프로그래밍 언어보다 빠르게 프로그램을 만들 수 있으며, 프로그램 관리가 용이하다.

2. 많은 도구(라이브러리와 프레임워크)를 지원하고 있다.

파이썬은 미리 만들어진 다양한 도구들이 많아서 복잡한 작업을 쉽게 할 수 있다. 예를 들어 데이터를 분석할 때 유용하며, 인공지능 프로그램은 미리 준비가 되어 있어 도구들을 활용하여 쉽게 프로그램을 만들 수 있다.

3. 운영체제 어디서나 실행 가능하다.

파이썬은 윈도우Windows, 맥macOS, 리눅스Linux 등 여러 운영체제에서 프로그램을 만들고 실행할 수 있다.

4. 활발한 커뮤니티를 통한 손쉬운 문제 해결이 가능하다.

전 세계적으로 많이 사용되는 프로그래밍 언어이기 때문에 관련 자료가 많고 문제가 발생하면 인터넷에서 쉽게 해결책을 찾을 수 있다. 또한 수많은 파이썬 사용자들이 질문에 답해주는 커뮤니티[2)] 사이트도 있어 혼자서도 배우고 문제를 해결할 수 있다.

2 스택오버플로(Stack Overflow) : 컴퓨터 프로그래밍의 다양한 주제에 대한 질문 · 답변 공유 사이드

3

파이썬 대화 도구 준비하기 : IDLE

컴퓨터와의 원활한 의사소통을 위해 파이썬 프로그래밍 언어를 사용하려면 관련 프로그램을 설치해야 한다. 다음에 소개할 파이썬 프로그램 설치 단계를 참고하여 컴퓨터와의 원활한 소통 환경(개발 환경)을 준비하길 바란다.

01 파이썬 홈페이지 접속

웹브라우저(크롬, 엣지 등)를 실행하여 파이썬 홈페이지(https://www.python.org/)에 접속한다.

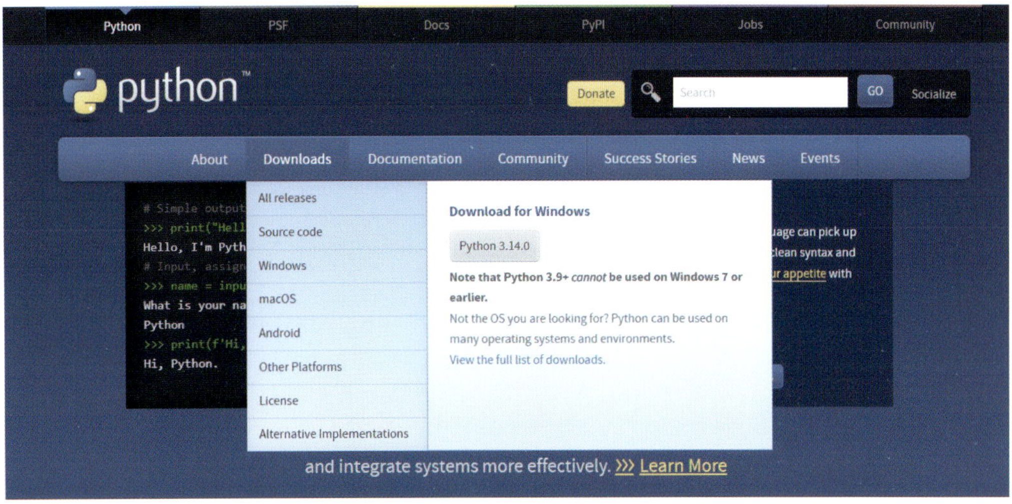

그림 1-4 파이썬 대표 홈페이지

02 파이썬 프로그램 다운로드

접속한 홈페이지의 "Downloads" 메뉴에 마우스 포인터를 가져가면, 컴퓨터 운영체제에 알맞은 파이썬 프로그램을 선택하여 다운로드(내려받기)할 수 있다. 참고로 본 도서에서는 사용자가 가장 많이 사용하는 윈도우 운영체제 중심이며, 프로그램 버전은 윈도우용 "Python 3.11.4"를 선택하여 다운로드하고 설치, 진행한다.

※ 다운로드 파일 확인 : [다운로드] 폴더 내 python-3.11.4-amd64.exe

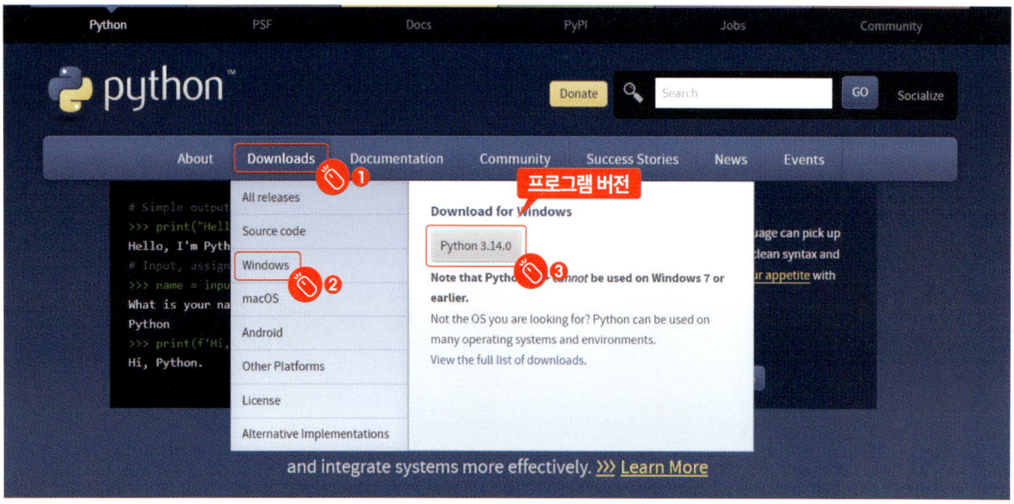

그림 1-5 파이썬 프로그램 다운로드 화면

설치 전 참고 **파이썬 프로그램 설치하려고 하는데, 왜!! 프로그램 버전이 다르지?**

버전version이란 프로그램의 변화된 시점을 이름이나 번호를 포함하여 표현된 문자를 의미한다. 버전의 변화는 스마트폰 소프트웨어(앱)가 수시로 변경되는 것과 같다. 파이썬 프로그램도 지속적으로 새롭게 변경되고 있기 때문에 본 도서가 출판되는 시점에는 파이썬 버전이 도서 내용과 다를 수 있다는 것을 참고 바란다. 단, 파이썬 프로그램 버전이 도서 내용과 차이가 있더라도 설치 방법은 동일하니 설치 단계를 참고하여 차례대로 진행해도 문제없이 설치된다.

03 설치 화면의 옵션 선택

다운로드 파일(python-3.11.4-amd64.exe)을 더블 클릭하면 설치 화면이 실행된다. 설치에 앞서 화면 아래 ①번의 "Add python.exe to PATH"[3] 옵션을 반드시 체크한 다음 ②번의 "Install Now"를 눌러 본격적인 파이썬 프로그램 설치를 시작해야 한다.

그림 1-6 파이썬 설치 화면과 옵션

3 해당 부분을 체크하면 컴퓨터 시스템의 어느 위치에서든 파이썬 인터프리터를 실행시킬 수 있다.

04 파이썬 설치 과정과 완료 화면

파이썬 설치 진행 중에는 아래 **그림 1-7** 위 화면과 같이 설치 안내와 함께 진행 그래프가 표시되고, 정상적으로 설치가 완료될 경우 **그림 1-7** 아래 화면과 같이 "Setup was successful" 메시지가 화면에 표시된다. 마지막으로 설치 완료 화면 아래 "Close" 버튼을 눌러 설치 과정을 모두 종료하면 된다.

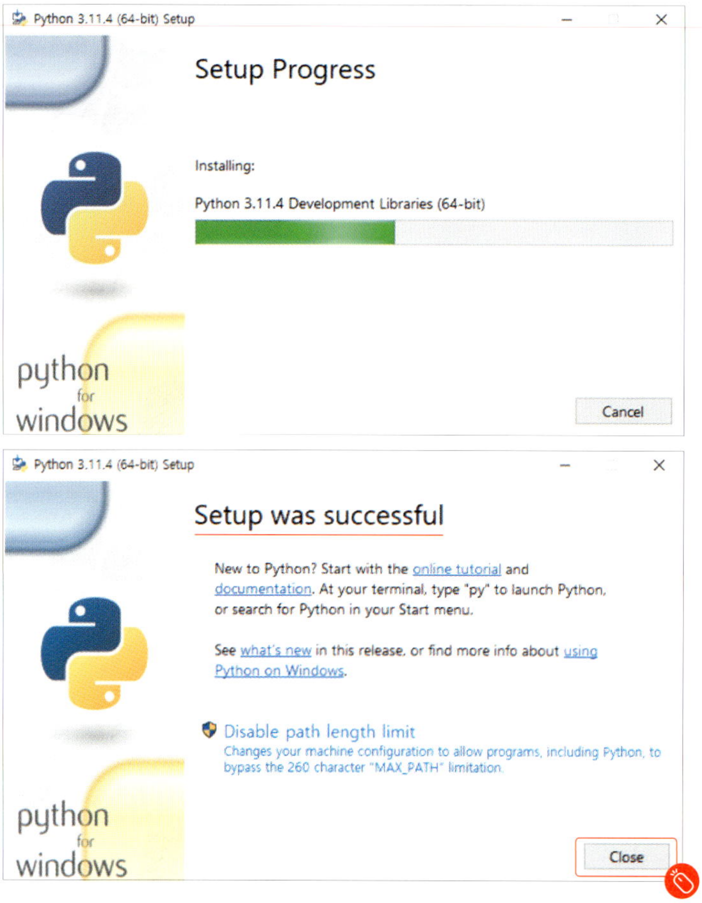

그림 1-7 파이썬 설치 화면과 설치 완료 화면

4

파이썬으로 첫 번째 대화하기

파이썬 대화 도구 확인하기

파이썬 프로그램을 정상적으로 설치 완료하였다면 컴퓨터와 대화할 수 있는, 즉 프로그램을 개발할 수 있는 도구인 IDLE[Integrated Development and Learning Environment](통합 개발/학습 환경)도 기본적으로 같이 설치된다.

파이썬 IDLE 도구 설치 확인은 ①윈도우 작업표시줄의 [시작] 로고를 누르거나 ②[검색창]을 선택한 뒤 "IDLE"를 입력하면 설치된 파이썬 프로그램 리스트가 나타나고, 그중에서 "IDLE(Python 3.11 64-bit)"을 선택하면 IDLE Shell 창이 우선 실행된다. IDLE 도구에는 명령을 한 줄씩 입력하여 즉시 실행하는 인터프리터 모드(대화식 모드)와 편집기를 이용하여 프로그램을 작성하고 파일로 저장한 후에 파일을 읽어서 한꺼번에 실행하는 스크립트 모드(에디터 모드)가 있다.

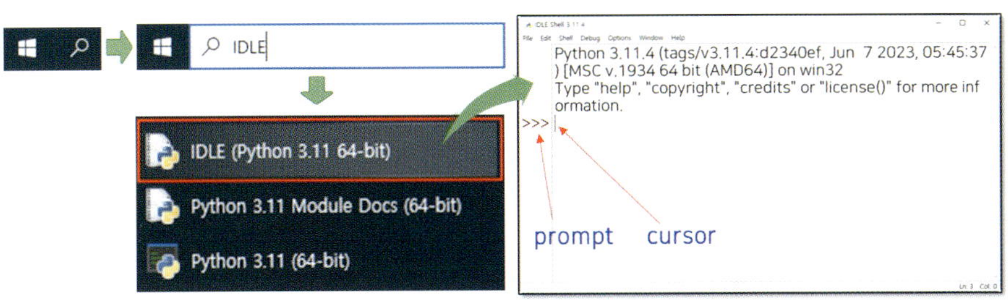

그림 1-8 IDLE 실행과 IDLE Shell

인터프리터 모드인 IDLE Shell에서 " >>> "는 사용자의 명령을 입력 받을 준비가 되어 있다는 것을 알려주기 위해 표시하는 기호이며 프롬프트prompt라고 하고, 깜빡이고 있는 "|" 기호는 사용자 명령의 입력 위치를 알려주는 표시 기호인 커서cursor라고 한다. 사용자는 인터프리터 모드인 IDLE Shell에서 간단한 명령을 한 줄씩 입력하여 실행 결과를 확인할 수 있다.

print( )로 첫 번째 대화하기

앞서 파이썬 IDLE이 정상 설치되어 있는지 개발환경을 확인해 보았다. 본격적으로 IDLE Shell에서 파이썬 프로그래밍 언어를 이용하여 컴퓨터와 첫 번째 대화(첫 코딩)를 시도해 본다. 프로그래밍 언어를 배울 때 전통적으로 내려오는 첫 번째 실습인 인생 첫 대화는 바로 "Hello, World!"라는 인사를 모니터에 출력하는 것이다. 여기서 언급한 모니터 출력은 사람의 말하기에 비유할 수 있으며 파이썬 명령으로 print( )라는 출력함수를 사용한다.

함수function란?

함수는 특정 작업을 수행하는 명령이며 print( ) 함수와 같이 괄호를 열고 닫아 표현한다. 함수에는 파이썬 프로그램 자체에 포함된 내장함수도 있고, 사용자가 직접 만드는 사용자 정의 함수도 있다. 함수로 만들어진 명령을 표현문expression statement 또는 문장statement이라고 하며, 흔히 명령command이라고 부르기도 한다.

print( ) 함수의 형식은 아래와 같이 모니터에 출력할 데이터 또는 결과를 확인하기 위한 수식(계산식)을 괄호 내에 작성하면 된다.

출력함수
↓
print(출력할 데이터나 수식)
↑ 함수시작 ↑ 함수끝

print( ) 함수 형식에서 출력할 데이터는 기본적으로 숫자[numbers]나 문자열[string], 수식[expression] 등이 해당된다. 문자열은 작은따옴표(')나 큰따옴표(")로 감싸서 표현하는 텍스트(text) 데이터를 말하며, 예시로 "파이썬", "123", 'python' 등의 표현이 문자열에 해당된다. 숫자는 100, 200과 같이 소수점이 없는 정수 데이터, 3.14, 10.0과 같이 소수점이 있는 실수 데이터가 있다.

데이터에 대한 간략한 소개는 여기서 마무리하고 인생 첫 대화(코딩)를 작성해 본다. 인생 첫 대화 실습에 출력할 "Hello, World!" 인사는 문자열 데이터이기 때문에 표현 방법을 생각하면서 아래 코드를 입력하고 실행 결과를 확인해 보자.

실습 1-1 첫 코딩

```
>>> print("Hello, World!")
    Hello, World!
```

만약 문자열 데이터에 따옴표를 사용하지 않거나, 서로 다른 따옴표를 사용할 경우에는 오류[error]가 발생한다.

실습 1-2 따옴표를 사용하지 않은 오류

```
>>> print(Hello, World!)
    SyntaxError: invalid syntax
```

실습 1-3 서로 다른 따옴표를 사용한 오류

```
>>> print('Hello, World!")
    SyntaxError: EOL while scanning string literal
```

print( )에서 숫자로 계산하기

컴퓨터는 계산하는 기계이기 때문에 빠질 수 없는 작업이 바로 연산(계산)작업이다. 파이썬의 기본 연산으로는 덧셈(+), 뺄셈(-), 곱셈(*), 나눗셈(/) 등의 사칙연산이 있으며, 다음의 실습을 통해 실행 결과를 확인해 보자.

실습 1-4 정수 데이터 출력

```
>>> print(100)
    100
```

실습 1-5 실수 데이터 출력

```
>>> print(3.14)
    3.14
```

실습 1-6 연산식 결과 출력

```
>>> print(100 + 21 * 10 / 5)
    142.0
```

만약, 연산식에 따옴표를 묶어 표현할 경우에는 계산이 되지 않는 문자열이 되니 주의해야 한다.

실습 1-7 문자열이 된 연산식

```
>>> print("100 + 21 * 10 / 5")
    100 + 21 * 10 / 5
```

여러 마디로 대화하기

print( ) 함수는 여러 개의 데이터를 작성하여 화면에 출력할 수가 있으며, 출력될 데이터들은 쉼표(콤마)로 구분해야 한다. 콤마는 출력될 때 공백 1칸으로 바뀌어 출력된다.

실습 1-8 여러 개 문자열 데이터 출력

```
>>> print("첫 코딩", "파이썬", "프로그래밍")
    첫 코딩 파이썬 프로그래밍
```

실습 1-9 문자열과 숫자 데이터 출력

```
>>> print("일주일은", 7, "일입니다.")
    일주일은 7 일입니다.
```

실습 1-10 문자열과 연산식 결과 출력

```
>>> print("2 x 7 =", 2*7)
    2 x 7 = 14
```

5

대화 내용이 많아 : IDLE 스크립트 모드

앞서 실습한 인터프리터 모드에서는 명령어를 한 줄씩 입력하여 바로 실행 결과를 확인할 수 있어 프로그래밍 작업이 편리하다는 장점이 있다. 하지만 프로그램은 한 줄만 작성하는 것이 아니기 때문에 인터프리터 모드에서 프로그램을 작성하는 일은 쉽지 않다. 이런 경우에 사용할 수 있는 것이 문서 편집기와 같은 기능을 가진 IDLE 스크립트 모드이다.

스크립트 모드는 문서 편집기에서 문서를 편집하듯 쉽게 프로그램을 작성하고 파일로 저장하여 실행 결과를 확인할 수 있다. 파이썬 프로그램이 저장된 파일을 스크립트 파일 또는 소스 파일이라고 하며, 텍스트 파일과 동일하기 때문에 문서를 편집할 수 있다면 어떠한 편집기를 이용하든 사용이 가능하다. 다만 파이썬 파일로 저장하기 위해서는 저장 과정에서 파일 확장자를 .py로 작성하여야 한다. IDLE 스크립트 모드에서 파이썬 소스 파일을 작성하고 실행까지의 과정을 단계별로 살펴본다.

01 편집기 실행 : 스크립트 모드

IDLE Shell 실행 후 메뉴에서 [File] → [New File]을 선택하면 파이썬 프로그램 편집기가 실행된다. IDLE Shell 창에서 Ctrl + N 단축키를 사용해도 동일하게 실행된다.

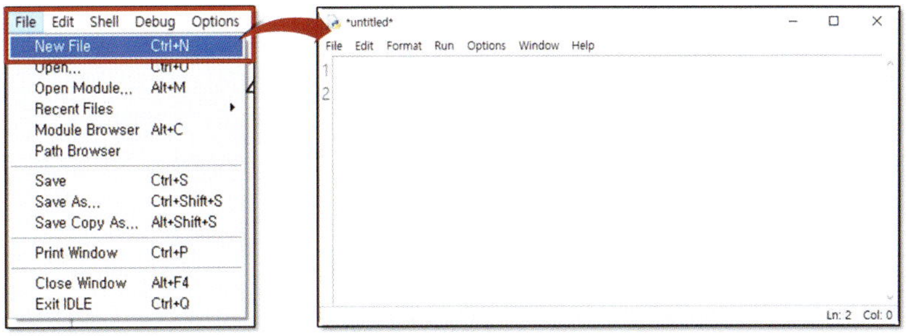

그림 1-9 IDLE 스크립트 모드 실행

프로그램 작성을 하다보면 편집기 왼쪽에 있는 행 번호(줄 번호)가 많이 필요할 경우가 있는데, 메뉴에서 [Options] → [Show Line Numbers]/[Hide Line Numbers]를 선택하여 행 번호를 표시하거나 숨기기 할 수 있다.

02 소스 파일 생성 : 프로그램 작성과 저장

편집기에서 프로그램을 작성한 후에는 반드시 파일로 저장을 해야 실행 결과를 확인할 수 있다. 편집 영역에서 아래 그림과 같이 print('Hello World') 프로그램을 작성하고, 메뉴에서 [File] → [Save]를 선택한다.

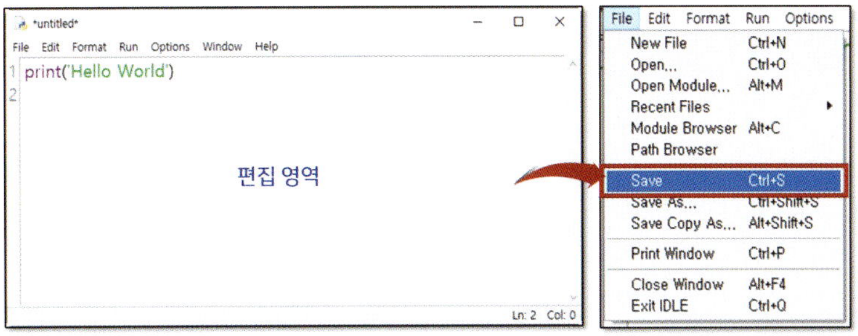

그림 1-10 첫 코딩 print('Hello World') 코드 작성

파일 저장 대화상자가 실행되면 "first.py" 파일명으로 지정한 폴더(C:\pwork)에 저장한다.(파이썬 파일 확장자 .py는 작성을 하지 않아도 된다.) 참고로 소스 파일을 임의의 폴더에 저장하는 것보다는 작업의 효율적인 측면을 고려한다면 작업 폴더를 지정하여 저장하는 것을 추천한다. 폴더 이름은 어떤 이름이든 상관은 없지만 한글이나 띄어쓰기는 사용할 수 없다. 본 도서에서는 내 컴퓨터의 C 드라이브 바로 아래 "pwork" 이름의 작업 폴더를 생성하여 사용한다.

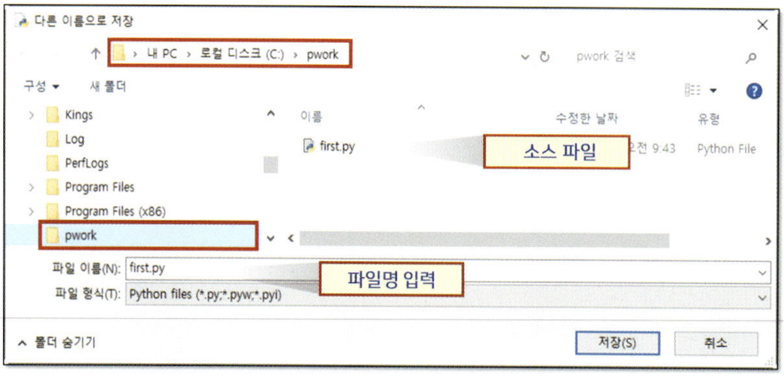

그림 1-11　파이썬 소스 코드 저장하기

03 소스 파일 실행

저장된 소스 파일 실행은 메뉴에서 [Run] → [Run Module]을 선택하거나 단축키 F5 를 눌러서 실행시킬 수 있다. 실행 결과는 인터프리터 모드인 IDLE Shell 화면에서 확인할 수 있다.

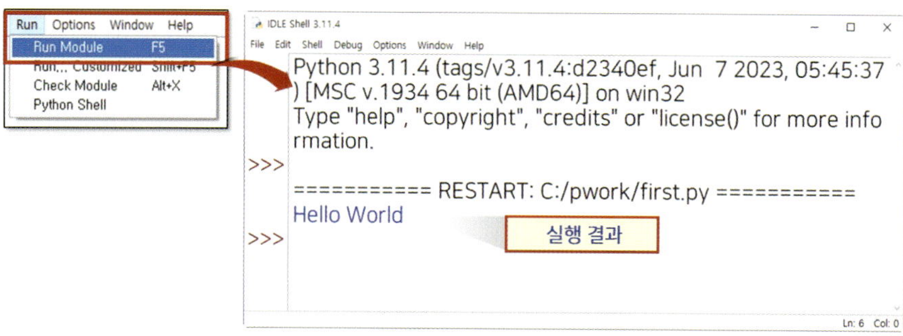

그림 1-12　파이썬 소스 파일 실행

기존에 저장되어 있는 소스 파일을 실행해 보고 싶은 경우에는 IDLE 편집기 메뉴에서 [File] → [Open]을 선택하여 소스 파일을 읽은 후에, 실행 방법은 위 그림 1-12 와 동일하게 메뉴에서 [Run] → [Run Module]을 선택하거나 단축키 F5 를 눌러서 실행하면 된다.

파이썬 소스 코드 작성 및 실행 실습을 좀 더 진행하여 본다. 본인을 소개하는 소스 코드를 아래와 같이 작성하고 실행 과정을 다시 확인해 보자.(단, 이름, 학과, 취미는 개인 정보에 해당하는 것으로 변경하여 작성한다.)

실습 1-11

```
print("이름 : 홍길동")
print("학과 : 일문학과")
print("취미 : 여행 및 영화 관람")
```

결과

출력

```
이름 : 홍길동
학과 : 일문학과
취미 : 여행 및 영화 관람
```

학 습 문 제

1. 다음 중 파이썬 확장자는 무엇인지 고르시오.

① psy ② py ③ pyt ④ pt

2. 파이썬에서 "Hello, World!!"를 출력하는 올바른 코드를 고르시오.

① Print("Hello, World!!") ② printf("Hello, World!!")

③ print "Hello, World!!" ④ print("Hello, World!!")

3. 파이썬에서 숫자를 문자로 바꾸기 위해서 어떤 기호를 사용하면 되는지 고르시오.

① 따옴표 ② 괄호 ③ 느낌표 ④ 쉼표

4. 다음 코드에서 실행 결과가 숫자인 것을 고르시오.

① print("200" + "300") ② print("200 + 300")

③ print(200 + 300) ④ print('200' + '300')

5. 컴퓨터가 사용하는 언어가 무엇인지 답하시오.

6. IDLE Shell 프로그램에서 입력을 받을 준비가 되었다는 것을 사용자에게 알려주기 위해 보여주는 기호를 무엇이라고 하는지 답하시오.

7. 아래 보기 의 단어를 조합하여 실행 결과 와 같이 출력되도록 프로그램을 작성하시오.

보기

"언어이다." "인터프리터" "프로그래밍" "실행하는" "파이썬은" "한 줄씩"

결과

출력 파이썬은

한 줄씩 실행하는 인터프리터

프로그래밍 언어이다.

CHAPTER

02 파이썬 기본 데이터

1

컴퓨터가 이해하는 데이터

일상생활에서 사람들이 의사소통이나 글쓰기 등에서 사용하는 구성 요소를 살펴보면 문자와 숫자라는 것을 알 수 있다. 예시로 아래 그림의 내용은 위키백과 "파이썬" 검색 결과이며 대부분 일반 문자인 영어 문자, 한글 문자, 특수 문자이고, 숫자 등도 포함되어 있는 것을 확인할 수 있다. 이와 같이 생활 속에서 데이터는 "정보를 전달하는 데 사용하는 모든 구성 요소"라 할 수 있고, 이러한 문장 구성 요소들이 바로 컴퓨터에서 처리하는 데이터가 된다.

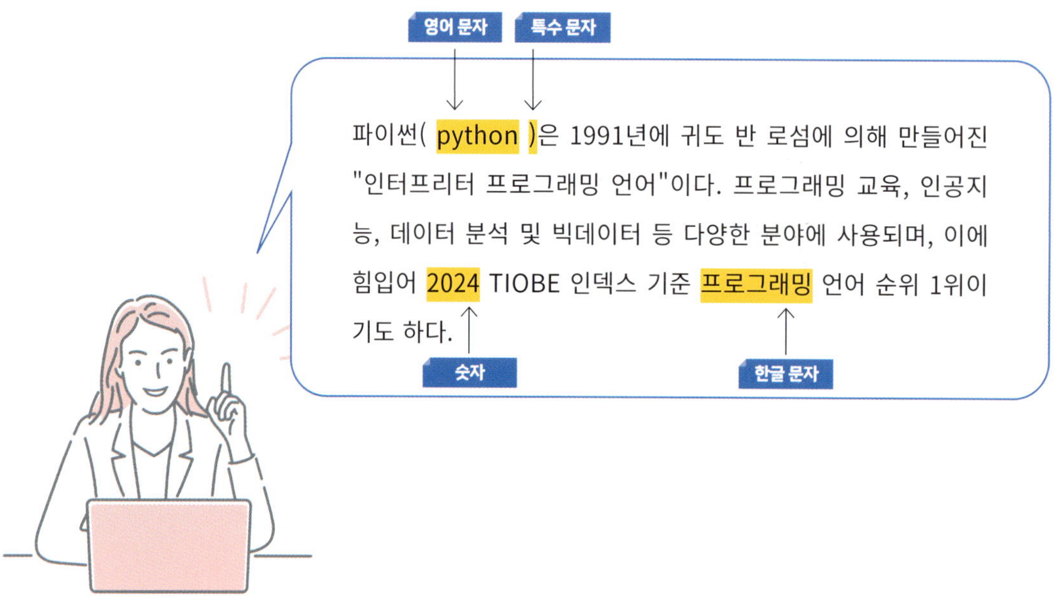

그림 2-1 생활 속 정보 전달 데이터 : 문장 구성 요소

위키백과에서 데이터를 아래와 같이 다양하게 정의하고 있다.

① 이론을 세우는 데 기초가 되는 사실, 또는 바탕이 되는 자료

② 관찰이나 실험, 조사로 얻은 사실이나 자료

③ 컴퓨터가 처리할 수 있는 문자, 숫자, 소리, 그림 따위의 형태로 된 자료

위와 같이 컴퓨터에서 처리하는 데이터는 문자(영어, 한글), 숫자(정수, 실수) 등 다양하기 때문에 이러한 데이터의 종류를 파이썬에서는 데이터 타입Data type(자료형)이라고 한다. 파이썬에서 주로 사용하는 기본 자료형에는 정수형integer, 실수형floating point, 문자열string, 불형bool 등 4종류가 있으며, 자료형을 확인하는 함수로 type( )을 사용한다.

2

소수점이 없는 정수형 (integer)

소수점이 없는 수를 의미하며, 부호(+, -)와 숫자(0~9)로 구성한다. 예를 들어 -100, 200, 0 등이 정수형 데이터라 할 수 있다. type( ) 함수를 이용하여 자료형을 확인해 보면 〈class 'int'〉로 출력되지만 간단하게 int로 표현하면 된다. 파이썬에서 정수형 데이터는 큰 숫자도 표현이 가능하고 크기(자릿수)에도 제한이 없다.

실습 2-1 정수형 데이터 출력

```
>>> print(100)
    100
```

실습 2-2 정수형 데이터 타입 확인

```
>>> print(type(100))
    <class 'int'>
```

실습 2-3 크기에 제한이 없는 정수형 데이터

```
    # 100의 80제곱 결과
>>> print(100**80)
    10000000000000000000000000000000000000000000000000000000000000000
    00000000000000000000000000000000000000000000000000000000000000000
    0000000000000000000000000000000
```

3

소수점이 있는 실수형 (floating-point)

소수점이 있는 수를 의미하며, 부호(+, -)와 숫자(0~9), 소수점(.)으로 구성한다. 예를 들어 -100.5, 3.14 등이 실수형 데이터라 할 수 있다. type( ) 함수를 이용하여 자료형을 확인해 보면 <class 'float'>로 출력되지만 간단하게 float로 표현하면 된다.

실습 2-4 실수 데이터 출력

```
>>> print(3.14)
    3.14
```

실습 2-5 실수 데이터 타입 확인

```
>>> print(type(3.14))
    <class 'float'>
```

숫자 데이터에서 한 가지 중요한 확인 내용은 연산(계산) 후의 결과 자료형이다. 동일하거나 서로 다른 자료형의 연산 결과 자료형이 어떻게 되는지 확인해 본다.

(1) 정수와 정수의 연산 결과는 정수형이다.

실습 2-6 정수와 정수 연산(1)

```
>>> print(100 + 200)
    300
>>> print(100 * 200 - 300)
    19700
```

단, 정수와 정수 연산 결과가 모두 정수형 데이터가 되는 것은 아니다. 정수와 정수 연산 결과가 실수 데이터가 되는 연산도 있다. 바로 나눗셈 연산이다.

실습 2-7 정수와 정수 연산(2)

```
>>> print(100 / 50)
    2.0
```

(2) 정수와 실수 연산 결과는 실수형이다.

실습 2-8 정수와 실수 연산

```
>>> print(100 + 3.14)
    103.14
>>> print(200.0 + 100)
    300.0
>>> print(10 / 5 * 20)
    40.0
```

(3) 실수와 실수 연산 결과는 실수형이다.

실습 2-9 실수와 실수 연산

```
>>> print(100.0 * 200.1)
    20010.0
```

실수 연산에서 간혹 당황하게 하는 연산식이 있다. 예시로 0.1 + 0.2의 결과는 얼마일까? 계산하면 정확히 결과 0.3이다. 파이썬에서 연산 결과 또한 0.3이 될 것 같지만, 실제 연산 결과를 확인해 보면 0.3이 아닌 0.30000000000000004의 큰 값이 출력되는 것을 확인할 수 있다. 추가로 0.1 + 0.7의 결과도 확인해 보면 0.8 결과가 아니다.

실습 2-10 실수와 실수 연산 결과의 오차

```
>>> print(0.1 + 0.2)
    0.30000000000000004
>>> print(0.1 + 0.7)
    0.7999999999999999
>>> print(0.1 + 0.3)
    0.4
```

파이썬은 실수를 부동소수점floating point 방식으로 표현하는데, 10진 소수를 정확하게 2진 소수로 표현할 수 없는 문제가 있어 몇몇 실수 연산의 결과를 확인해 보면 오차가 있는 것을 알 수 있다. 본 도서는 입문서인 만큼 부동소수점에 대한 내용은 자세하게 다루지 않고, 상세한 내용은[4] 문서를 참고하기 바란다.

4 위키피디아 https://ko.wikipedia.org/wiki/%EB%B6%80%EB%8F%99%EC%86%8C%EC%88%98%EC%A0%90

4 따옴표가 있는 문자열형 (string)

문자열은 따옴표로 묶어서 표현

문자열은 연속된 문자들의 집합을 의미하며, 파이썬에서는 큰따옴표(")나 작은따옴표(')를 감싸서 표현한다. 문자열은 0개 문자에서 1개 이상 문자까지 모두 문자열로 취급한다. type( ) 함수를 이용하여 데이터 타입을 확인하면 <class 'str'>로 출력되지만 간단하게 str로 표현하면 된다.

실습 2-11 문자열 표현

```
>>> print("") #빈 문자열

>>> print('카페 파이썬') #작은따옴표 표현
카페 파이썬
>>> print("cafe python") #큰따옴표 표현
cafe python
```

단, 숫자 데이터를 따옴표로 묶어서 표현하면 숫자가 아닌 문자열 데이터가 된다.

실습 2-12 따옴표로 묶은 숫자

```
>>> print('100')
    100
>>> print(type('100'))
    <class 'str'>
>>> print('3.14')
    3.14
```

문자열을 작성하다 보면 상황에 따라 여러 줄의 문자열이 필요할 때가 있는데, 이때는 작은따옴표 또는 큰따옴표를 3개 연속(삼중 따옴표) 사용하여 여러 줄의 문자열 시작과 끝에 작성하여 만들 수 있다.

실습 2-13 여러 줄의 문자열 표현

```
>>> print("""여러 줄 문자열은
... 삼중 따옴표로 묶어서
... 작성하면 된다.""")
    여러 줄 문자열은
    삼중 따옴표로 묶어서
    작성하면 된다.
```

특별한 기능의 이스케이프 문자

파이썬에서 작은따옴표와 큰따옴표는 문자열을 표현하는 기호인데, 간혹 작은따옴표와 큰따옴표를 문자열 내에 포함시켜 일반 문자로 출력해야 할 경우도 있다.
이와 같은 경우 어떻게 작성하면 될까? 간단하게 문자열 내에 작성해야 하는 따옴표와 파이썬 문자열을 표현하기 위해 묶는 따옴표를 서로 다르게 작성하여 표현하면 된다.

실습 2-14 문자열 내에 따옴표 작성하기

```
>>> print("파이썬은 '인공지능' 개발 최고의 프로그래밍 언어이다.")
    파이썬은 '인공지능' 개발 최고의 프로그래밍 언어이다.
>>> print('파이썬은 "인공지능" 개발 최고의 프로그래밍 언어이다.')
    파이썬은 "인공지능" 개발 최고의 프로그래밍 언어이다.
```

만약 위 실습과는 전혀 다른 문자열 내에 작은따옴표와 큰따옴표를 같이 작성한다면 어떻게 작성하면 좋을까? 이제 난감해진다. 이 경우에는 앞서 작성하는 방법과 같이 문자열을 표현하는 따옴표를 서로 다르게 작성할 수 없다. 그렇게 작성한다 하더라도 같은 따옴표가 중복되기 때문에 문자열 표현이 잘못되어 오류가 발생한다.

실습 2-15 문자열 내에 중복 따옴표 작성 오류

```
>>> print("파이썬은 '인공지능' 개발 최고의 "프로그래밍 언어"이다.")
    SyntaxError: invalid syntax. Perhaps you forgot a comma?
```

다른 작성 방법은 없을까? 이때 이용하는 것이 바로 이스케이프escape 문자이다. 이스케이프 문자는 특정 문자 앞에 \(역슬래시)를 붙여서 표현하며, 주로 사용되는 이스케이프 문자와 기능은 아래와 같다.

이스케이프 문자	기능
\n	줄 바꿈(새로운 줄)
\t	탭 간격(일정 간격)
\\	\ 출력

이스케이프 문자	기능
\'	작은따옴표(') 출력
\"	큰따옴표(") 출력

이스케이프 문자를 이용하여 위 실습 코드의 오류를 해결하여 본다.

실습 2-16 이스케이프 문자 활용 문자열 내에 중복 따옴표 작성

```
>>> print("파이썬은 \'인공지능\' 개발 최고의 \"프로그래밍 언어\"이다.")
    파이썬은 '인공지능' 개발 최고의 "프로그래밍 언어"이다.
```

\n은 줄 바꿈으로 키보드 Enter 기능과 동일하며 해당 문자를 만나면 새로운 줄로 바뀌게 된다. 참고로 문자열 내에 이스케이프 문자는 개수와 상관없이 여러 개 작성 가능하다.

실습 2-17 줄 바꿈 이스케이프 문자 : \n

```
>>> print("파이썬은 \n인공지능 개발\n\n최고의 프로그래밍 언어이다.")
    파이썬은
    인공지능 개발

    최고의 프로그래밍 언어이다.
```

\t는 탭 간격으로 키보드의 Tab 기능과 동일하며, 해당 문자를 만나면 일정 간격만큼 띄어쓰기 된다.

실습 2-18 간격 띄어쓰기 이스케이프 문자 : \t

```
>>> print("파이썬은 \t인공지능 개발\t최고의 프로그래밍 언어이다.")
    파이썬은        인공지능 개발    최고의 프로그래밍 언어이다.
```

\\는 특수문자 역슬래시(\)를 의미하며, 해당 문자를 만나면 \를 출력하게 된다. 하나의 \를 출력하기 위해 왜 \\를 작성해야 할까? 역슬래시(\) 다음에 영문자 n 또는 t가 있으면 이스케이프 문자로 바뀌게 되어 역슬래시(\)가 출력되지 않는 문제가 발생한다. 해당 문제점을 확인해 보기 위해 파일 경로 "C:\ncode\test.py" 문자열을 출력하는 코드를 작성하고 결과를 확인해 보자.

실습 2-19 역슬래시(\) 포함된 파일 경로 출력

```
>>> print("C:\ncode\test.py")
    C:
    code    est.py
```

실습 결과를 살펴보면 원하는 결과가 출력이 되지 않았다. 이유는 C: 다음의 \n이 줄 바꿈 실행되고, 두 번째 \t가 일정 간격만큼 띄어쓰기 되기 때문이다. 이러한 경우에는 다른 이스케이프 문자 표현이 되지 않도록 문자열 내의 "\" 기호를 "\\"로 변경하여 작성한다.

실습 2-20 문자열에 포함된 역슬래시(\) 출력

```
>>> print("C:\\ncode\\test.py")
    C:\ncode\test.py
```

참고 r-문자열

r-문자열은 raw 문자열을 의미한다. r 접두어를 문자열 앞에 작성하면 이스케이프 문자는 처리되지 않고, "작성한 문자열 그대로" 처리하게 된다. 따라서 이스케이프 문자를 표현하는 \를 출력하고자 할 때에 많이 사용한다.

실습 2-21 r-문자열

```
>>> print(r"C:\ncode\test.py")
    C:\ncode\test.py
```

5

참거짓으로 대화하는 불형 (bool)

True(참), False(거짓) 값을 가지는 자료형이며, 첫 글자는 반드시 대문자로 작성해야 한다. 불 값을 따옴표로 감싸서 표현하면 문자열 데이터가 되기 때문에 사용에 주의해야 한다. type( ) 함수를 이용하여 자료형을 확인하면 〈class 'bool'〉로 출력되지만 간단하게 bool로 표현하면 된다.

실습 2-22 불형

```
>>> print(True, False)
    True False
    print(type(True))
    <class 'bool'>
    print(type("True"))
    <class 'str'>
```

불 값은 대부분 비교식이나 조건식의 결과로 많이 사용된다. 비교식과 조건식은 이후 단원에서 학습하겠지만, 참고로 비교식은 비교 연산자[5]를 이용하여 어떤 값들의 크기를 판단하여 불 값을 반환하는 식이다.

5. 비교 연산자 : >(크다), <(작다), >=(크거나 같다), <=(작거나 같다), ==(같다), !=(같지 않다)

실습 2-23 비교식과 불 값

```
>>> print(100 < 200)
    True
>>> print(100 == 300)
    False
```

간혹 데이터를 불 값으로 변환하여 표현하는 경우도 있다. 숫자 데이터에서 0을 불 값으로 변환하면 False이고, 0 이외 모든 숫자는 True가 된다. 문자열 데이터에서 빈 문자열은 False가 되고, 빈 문자열이 아닌 모든 문자열은 True가 된다. 데이터를 불 값으로 변환할 때 사용하는 함수는 bool( )이다.

실습 2-24 데이터의 불 값 표현

```
>>> print(bool(0), bool(100))
    False True
>>> print(bool(""), bool("python"))
    False True
```

학 습 문 제

1. 파이썬의 기본 자료형에 속하지 않는 것을 고르시오.

① int　　② bool　　③ float　　④ char

2. 다음 자료형 중 참(True)과 거짓(False) 값만 가지는 자료형이 무엇인지 고르시오.

① int　　② bool　　③ float　　④ str

3. 자료형에 대한 연결이 올바른 것을 고르시오.

① bool : 1, 0　　② float : 0b1100, 0o17 등

③ int : 3.14, 99.77 등　　④ str : 'he', "she" 등

4. 다음 코드에서 실행 결과가 실수형인 것을 고르시오.

① print(50 + 20)　　② print(50 * 20)

③ print(50 - 20)　　④ print(50 / 20)

5. 다음 중 정수형 데이터로 알맞은 것을 고르시오.

① 3.14　　② "100"　　③ -250　　④ '200'

6. 다음 중 문자열을 표현할 수 없는 것을 고르시오.

① 작은따옴표 사용 '문자열'　　② 이중 따옴표 사용 ""문자열""

③ 큰따옴표 사용 "문자열"　　④ 삼중 따옴표 사용 '''문자열'''

7. 다음 이스케이프 문자 중 줄 바꿈 기능을 고르시오.

① \\　　② \b　　③ \t　　④ \n

학 습 문 제

8. 다음 중 문자열로 인식되는 것을 고르시오.

① "3.14"　② True　③ 3.14　④ 100

9. 다음 숫자 데이터를 불 값으로 변환할 때, False가 되는 것을 고르시오.

① 100　② -1　③ 0　④ 1

10. 데이터의 유형이 무엇인지 확인하는 함수가 무엇인지 답하시오.

11. 아래 코드를 작성하고 실행 결과를 확인해 보시오.

코드

```
print(type(100), type("100"))
print(bool(0), bool("0"))
print(0.1+0.2 == 0.3)
```

12. 아래 보기 단어를 조합하여 실행 결과와 같이 출력되도록 프로그램을 작성하시오

보기

"언어이다." "인터프리터" "프로그래밍" "실행하는" "파이썬은" "한 줄씩"

결과

```
출력 파이썬은
     한 줄씩 실행하는 "인터프리터"
     \프로그래밍\언어이다.
```

CHAPTER

03 변수와 입력하기

1

저장에 필요한 변수

변수variable란 프로그램에서 데이터를 저장하는 기억 장소를 말하며, 정확한 표현으로는 데이터를 저장하고 있는 메모리 공간을 의미한다. 그럼 변수는 왜 필요할까? 일상생활에서 친구의 연락처를 잊지 않기 위해서 이름과 전화번호를 핸드폰에 저장하고, 필요시에 친구 이름으로 연락처를 검색하여 통화에 사용하곤 한다. 만약 친구 연락처를 저장하지 않았다면 여러 가지로 불편한 부분이 있을 것이다. 이때 친구의 연락처가 저장된 핸드폰 내의 저장 공간이 바로 변수가 된다. 프로그램 작성 시에도 데이터를 저장하였다가 필요할 때 꺼내 사용할 수 있어야 하는데 이때 필요한 것이 변수이다.

그림 3-1 핸드폰 연락처 저장과 변수

위 그림에서 이름은 변수, 연락처는 데이터에 비유할 수 있다. 연락처마다 이름이 서로 구별이 되는 것과 마찬가지로 서로 구별할 수 있도록 변수는 이름을 다르게 작성해야 한다. 변수 이름은 사용자가 작성하며 규칙은 아래와 같다.

- 영문자, 숫자, 밑줄문자(_)로 구성된다.(예: score, num1, num_1, kor_score, _no_)
  - 한글 작성도 가능하다.(예: 점수, 이름, 나이)
- 변수 이름 중간에 공백이 들어갈 수 없다.(예: num 4, my jumsu)
  - 공백 대신 밑줄문자를 사용한다.(예: first_num, my_jumsu)
- 첫 글자가 숫자로 시작할 수 없다.(예: 1num, 1234)
- 대문자와 소문자는 서로 구분된다.(예: score, Score)
- 예약어(키워드)는 변수 이름으로 사용할 수 없다.(예: print, type)

2

변수 선언과 값 대입하기

변수에 값을 저장할 때는 아래 형식과 같이 대입 연산자(=)를 사용하며 "오른쪽의 데이터를 왼쪽 변수에 대입한다."라고 읽는다. 또는 변수에 데이터를 대입하는 것을 "변수를 생성한다." 또는 "변수를 선언(정의)한다."라고도 한다. 변수에 대입된 값을 출력하기 위해서는 변수 이름을 print( ) 함수 괄호 안에 작성하면 된다.

대입 : 변수 이름 = 데이터

출력 : print(변수 이름)

변수에 값을 대입하고 출력하는 예제로 coffee 변수에 "아메리카노" 문자열을 대입한 후, coffee 변수에 대입된 값을 출력하는 프로그램을 작성하고 결과를 확인하여 보자.

실습 3-1 변수에 데이터 대입 및 출력

```
>>> coffee = "아메리카노"
>>> print(coffee)
    아메리카노
```

또한, 대입 연산자 오른쪽에는 데이터 값을 저장하고 있는 다른 변수가 자리할 수 있고, 결과 값을 만들어 내는 연산식이 될 수도 있다.

변수 이름 = 변수 | 연산식

연산식의 결과를 변수에 대입하는 예제로 4500원 하는 아메리카노 커피 2잔의 판매 금액을 구하여 출력하는 프로그램을 작성하여 보자.

실습 3-2 커피 판매 금액 계산하여 출력하기

```
>>> coffee_price = 4500
>>> coffee_cup = 2
>>> total = coffee_price * coffee_cup
>>> print(total)
    9000
```

우선 계산에 필요한 데이터를 먼저 변수에 대입한다. 아메리카노 커피 한 잔의 가격 4500을 coffee_price 변수에 대입하고, 판매 잔 수 2를 coffee_cup 변수에 대입한다. 아메리카노 커피 2잔의 판매 금액은 coffee_price와 coffee_cup 변수에 대입된 값을 곱하여 구할 수 있다. 곱셈 결과 9000을 판매 금액 변수인 total에 대입한다. 이와 같이 total 변수 오른쪽에 연산식을 작성할 수 있다. total 변수에 저장된 값이 얼마인지를 확인하기 위하여 print( ) 함수에 total을 작성하여 출력해 보면 9000인 것을 확인할 수 있다.

3

결과는 정확하게 표현하기

앞의 아메리카노 판매 금액 결과 9000이 정확하게 출력되었다고 하여 실습을 만족하기에는 약간의 문제점이 있다. 왜냐하면, 결과인 숫자 9000만 보고 판단했을 때, 해당 결과가 커피 판매 금액인지, 문자 9000인지, 1000+8000 더하기 결과인지, 어떤 처리에 의해서 만들어진 결과인지 명확하게 알 수 없기 때문이다. 프로그래밍에서 출력 결과는 컴퓨터가 사용자에게 전달하는 상호작용의 한 부분으로 의미를 명확하게 표현하는 것이 매우 중요하다. 따라서 결과의 의미를 명확하게 전달하기 위해서는 출력을 제대로 표현하여 누구나 결과만 보더라도 이해할 수 있도록 출력을 형식화할 필요가 있다.

그림 3-2 명확한 의미 전달을 위한 출력 결과의 표현

위 그림 3-2 와 같이 결과를 "숫자 9000"만 출력하는 것보다는 "커피 금액 9000원"으로 출력하면 의미 전달이 더 명확해질 것이고, 조금 더 구체적으로 "4500원 커피 2잔의 금액은 9000원입니다."와 같이 출력한다면 사용자 측면에서 훨씬 더 이해하기가 좋을 것이다. 다음 실습은 앞서 소개한 사용자 측면의 결과로 어떻게 표현하는지 프로그램을 작성하고 결과를 확인해 본다.

실습 3-3 콤마 활용 사용자 측면의 결과 출력

```
>>> print("커피 금액", total, "원")
    커피 금액 9000 원
>>> print(coffee_price, "원 커피", coffee_cup, "잔의 금액은", total, "원입니다.")
    4500 원 커피 2 잔의 금액은 9000 원입니다.
```

위 실습의 출력 형식을 살펴보면 문자열과 변수를 서로 구분하기 위해 앞 단원에서 학습한 콤마를 이용하여 표현하였다. 실행 후 출력 결과를 확인해 보면 숫자 9000이 어떤 결과인지를 알 수 있다.
사용자 측면의 결과를 어떻게 표현하고 출력하는지 방법을 학습하였다. 하지만 사용자 측면의 출력이 해결되었다 하더라도, 이때 작성한 print( ) 함수 내의 출력 형식을 살펴보면 문자열과 변수를 구분하기 위해 작성한 콤마로 인해 다음과 같은 문제점이 있다는 것을 알 수 있다.

① 출력 형식에서 작성한 모든 콤마가 공백(빨간색)으로 변경되어 한 칸씩 띄어쓰기 된다.

② 변수와 문자열을 구분하기 위해 작성한 콤마로 인해 출력 형식이 복잡해져 가독성 및 코드 작성의 효율성이 저하된다.

위와 같은 문제점을 개선하기 위해서 print( ) 함수 내에 작성할 수 있는 출력 형식으로 "f-문자열" 표현 방식이 있다. f-문자열은 출력 형식을 직관적으로 표현할 수 있고, 코드 작성이 쉽고 간결해질 뿐만 아니라, 가독성이 높아진다. 따라서 출력 작업의 효율성을 높일 수 있다. f-문자열 출력 형식은 다음과 같다.

```
print(f"출력 문자열{변수}{연산식}")
```

f-문자열 방식은 print( ) 출력 형식 작성 시 f 문자로 시작하며, 변수나 연산식은 중괄호({}) 안에 작성하여 값이 출력될 수 있도록 한다.

앞서 실습한 콤마를 이용한 사용자 측면의 출력 프로그램을 f-문자열을 적용하여 다시 작성해 보면 다음과 같다.

실습 3-4 f-문자열 활용 사용자 측면의 결과 출력

```
>>> print(f"커피 금액 {total}원")
커피 금액 9000원
>>> print(f"{coffee_price}원 커피 {coffee_cup}잔의 금액은 {total}원입니다.")
4500원 커피 2잔의 금액은 9000원입니다.
```

사용자 측면의 결과 형식으로 꼭 확인해야 하는 프로그램 예제가 하나 있다. 바로 계산기 프로그램이다. 계산기 프로그램에서 사용자 측면 결과 표현이 왜 필요한지 현재까지 학습한 내용 중심으로 사칙연산 계산기 프로그램을 작성하고 결과를 확인해 본다.

사칙연산은 이항연산이기 때문에 두 수가 필요하다. 따라서 두 정수 변수(num1, num2)에 30과 10을 대입한 후 사칙연산(덧셈, 뺄셈, 곱셈, 나눗셈) 후 결과를 출력한다. 이번 실습은 코드 작업이 많으므로 IDLE 편집기(스크립트 모드)를 이용하여 작업하도록 한다.

실습 3-5 사칙연산 계산기 프로그램

```
num1 = 30
num2 = 10

add = num1 + num2
sub = num1 - num2
mul = num1 * num2
div = num1 / num2

print(add)
print(sub)
print(mul)
print(div)
```

결과

```
출력 40
     20
     300
     3.0
```

위와 같이 사칙연산 계산기 실행 결과를 확인해 보면 출력 형식이 적용되어 있지 않기 때문에 결과 값만으로 어떤 계산을 했는지 알 수가 없다. 이와 같은 계산 결과는 반드시 사용자 측면의 출력이 될 수 있도록 출력 형식을 적용해야 한다. 아래와 같이 09번 행에서 12번 행까지 출력 부분만 소스 코드를 수정하여 결과를 다시 확인해 보자.

실습 3-6 **출력 형식을 적용한 출력 코드**

```
09  print(f"{num1} + {num2} = {add}")
10  print(f"{num1} - {num2} = {sub}")
11  print(f"{num1} * {num2} = {mul}")
12  print(f"{num1} / {num2} = {div}")
```

결과

```
출력 30 + 10 = 40
     30 - 10 = 20
     30 * 10 = 300
     30 / 10 = 3.0
```

위와 같이 사용자 측면의 결과를 확인해 보면 계산 결과를 명확하게 판단할 수 있다. 사칙연산 계산기 프로그램을 통하여 사용자 측면의 출력 형식 적용이 얼마나 중요한지를 확인할 수 있었다.

4

변수 활용 실전 도전하기

카페 알바1 : 커피 총결제 금액 계산

문제 고객이 3500원인 small 사이즈 커피 2잔, 4500원인 large 사이즈 커피 1잔을 주문했을 때 총금액을 구하여 **결과** 와 같이 출력되도록 프로그램을 작성하시오.

결과

출력 총결제 금액은 11500원입니다.

실습 3-7 커피 총결제 금액 계산

```
small_price = 3500
large_price = 4500

small_order = 2
large_order = 1

total_price = (small_price * small_order) + (large_price * large_order)

print(f"총결제 금액은 {total_price}원입니다.")
```

카페 알바2 : 고객의 잔돈 계산

문제 고객이 총 8700원의 커피를 주문하고 10000원을 지불했다. 잔돈을 계산하여 결과 와 같이 출력되도록 프로그램을 작성하시오.

결과

출력 잔돈은 1300원입니다.

실습 3-8 고객의 잔돈 계산

```
total_price = 8700
paid_amount = 10000

change = paid_amount - total_price

print(f"잔돈은 {change}원입니다.")
```

5

원하는 데이터 입력하기

앞의 첫 번째 실습 "커피 총결제 금액 계산" 프로그램으로 변수와 연산식 활용 등을 살펴보았다. 하지만 해당 프로그램에서 한 가지 곰곰이 살펴볼 부분이 있다. 바로 커피 주문 잔 수가 항상 고정된 값이라는 것이다. 생각해 보면 평소 커피를 주문할 때 항상 동일한 잔 수로 주문을 하지 않고, 주문 때마다 바뀌게 된다. 따라서 앞서 작성된 실습 프로그램은 주문 커피 잔 수가 항상 small 사이즈 2잔, large 사이즈 1잔이기 때문에 몇 번을 실행하여도 동일한 결과의 결제 금액인 11500원이 출력된다.

예를 들어 아래 **그림 3-3** 는 사이즈 가격(■)이 3500원인 커피를 2잔(◆) 주문하여 결제 금액(★)을 구하는 프로그램이다. 작성된 프로그램을 실행하면 결제 금액은 7000원이 된다. 해당 프로그램을 다시 실행해도 결제 금액은 변함없이 7000원이 된다. 이와 같이 원하는 커피 잔 수를 자유롭게 바꿀 수가 없다면 결국 사용자에게 필요 없는 프로그램일 수밖에 없다.

그림 3-3 입력 처리를 하지 않은 동일한 실행 결과

프로그램은 사용자와의 상호 작용이 매우 중요하다. 따라서 사용자 측면에서 프로그램의 효용 가치를 높이기 위해서는 커피 주문 잔 수를 사용자가 원하는 값으로 주문 가능하도록 제공하는 것이 무엇보다 중요하다. 파이썬에서는 사용자로부터 원하는 값을 키보드를 통하여 입력 가능할 수 있도록 input( ) 함수를 제공하고 있다. input( ) 함수를 통해 만들어진 프로그램은 사용자가 필요할 때마다 원하는 데이터를 입력할 수 있기 때문에 그림 3-4 와 같이 컴퓨터와 상호 작용이 가능해지고 데이터 처리의 유연성을 높일 수 있다.

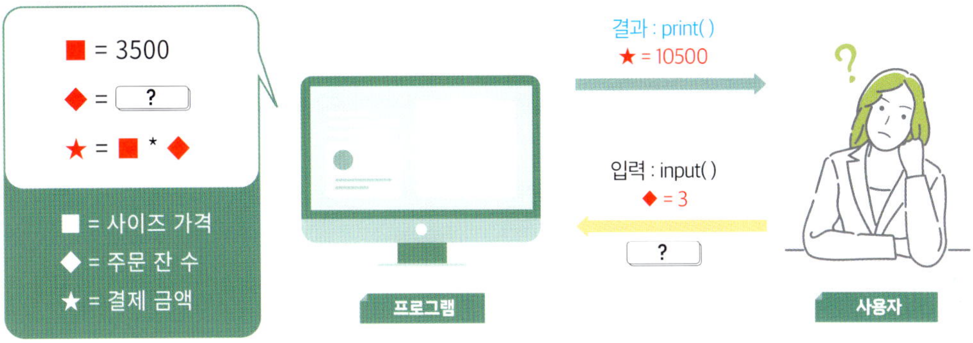

그림 3-4 input( ) 함수를 활용한 유연한 입력 처리 및 실행 결과

input( ) 함수는 데이터를 입력 받아서 변수에 대입시켜야 하며, 프롬프트 문자열을 작성하여 사용자에게 어떤 데이터를 입력해야 할지 메시지로 안내할 수 있다. input( ) 함수의 형식은 다음과 같다.

변수 = input("프롬프트 문자열")

input( ) 함수를 활용하여 아래 결과 와 같이 커피 이름과 가격을 입력 받아서 출력하는 프로그램을 작성하여 보자. "커피 이름 입력", "커피 가격 입력"은 입력 단계에서 사용자에게 안내하는 메시지인 프롬프트 문자열이고, "카페라테"와 "5500"은 사용자가 입력하는 데이터이다.

결과

출력 커피 이름 입력 : 카페라테
커피 가격 입력 : 5500
카페라테는 5500원입니다.

실습 3-9 커피 이름과 가격 입력하여 출력하기

```
coffee = input("커피 이름 입력 : ")
price = input("커피 가격 입력 : ")

print(f"{coffee}는 {price}원입니다.")
```

앞서 실습한 "커피 총결제 금액 계산" 프로그램을 input( ) 함수를 이용하여 원하는 커피 가격과 잔 수를 입력하여 결제 금액이 얼마인지 출력하는 프로그램을 작성하고 결과를 확인해 보자.

실습 3-10 커피 총결제 금액 계산

```
small_price = input("작은 사이즈 가격 : ")
large_price = input("큰 사이즈 가격 : ")

small_order = input("작은 사이즈 주문 잔 수 : ")
large_order = input("큰 사이즈 주문 잔 수 : ")

total_price = (small_price * small_order) + (large_price * large_order)

print(f"총결제 금액은 {total_price}원입니다.")
```

결과

```
입력  작은 사이즈 가격 : 3500
      큰 사이즈 가격 : 4500
      작은 사이즈 주문 잔 수 : 2
      큰 사이즈 주문 잔 수 : 1
출력  Traceback (most recent call last):
        total_price = (small_price * small_order) + (large_price * large_order)
      TypeError: can't multiply sequence by non-int of type 'str'
```

기대를 하고 실행을 했지만 결과 를 확인해 보니 TypeError의 오류가 발생했다. "숫자(int)가 아닌 문자(str)이기 때문에 곱하기 연산을 할 수 없다."라는 오류 메시지이다. 프로그램을 실행하여 사이즈별 가격과 주문 잔 수를 정확하게 입력하였는데 오류가 발생한 것이다. 오류가 발생한 이유는 무엇일까?

바로 input( ) 함수는 키보드로 입력 받은 모든 값을 문자열로 취급하기 때문에 곱셈 연산을 할 수 없어서 오류가 발생한 것이다. 따라서 곱셈 연산이 가능한 정수 데이터를 입력 받기 위해서는 아래 형식과 같이 입력 받는 단계에서 int( ) 함수를 이용하여 문자 데이터를 정수 데이터로 변환을 해주어야 한다. int( ) 함수에 대한 자세한 설명은 다음 참고 내용을 확인 바란다.

```
변수 = int(input("프롬프트 문자열"))
```

참고 int( ) 함수

int( ) 함수는 문자열이나 실수 데이터를 정수 데이터로 변환시켜 주는 변환함수이다.

실습 3-11 문자열을 정수로 변환

```
>>> data = "100"
    print(data, type(data))
    100<class 'str'>
>>> data = int(data)
    print(data, type(data))
    100<class 'int'>
```

실습 3-12 실수를 정수로 변환

```
>>> data = 3.14
    print(data, type(data))
    3.14<class 'float'>
>>> data = int(data)
    print(data, type(data))
    3<class 'int'>
```

앞서 오류가 발생한 실습 3-10 소스 코드를 곱셈 연산이 가능하도록 재수정하여 작성하면 다음과 같다.

실습 3-13 int( ) 적용 커피 총금액 계산(1)

```
small_price = int(input("작은 사이즈 가격 : "))
large_price = int(input("큰 사이즈 가격 : "))

small_order = int(input("작은 사이즈 주문 잔 수 : "))
large_order = int(input("큰 사이즈 주문 잔 수 : "))

total_price = (small_price * small_order) + (large_price * large_order)

print(f"총결제 금액은 {total_price}원입니다.")
```

만약에 input( ) 함수의 입력 단계에서 int( ) 함수를 적용하지 못하였다면, 아래 소스 코드와 같이 연산식에서 변수를 정수 자료형으로 변환하여 곱셈 연산할 수도 있다.

실습 3-14 int( ) 적용 커피 총금액 계산(2)

```
01 small_price = input("작은 사이즈 가격 : ")
02 large_price = input("큰 사이즈 가격 : ")
03
04 small_order = input("작은 사이즈 주문 잔 수 : ")
05 large_order = input("큰 사이즈 주문 잔 수 : ")
06
07 total_price = (int(small_price) * int(small_order)) + \
08           (int(large_price) * int(large_order))
09
10 print(f"총결제 금액은 {total_price}원입니다.")
```

※ 07번 행의 마지막 \ 기호는 07번 행과 08번 행의 소스 코드 연결자이다.

학 습 문 제

1. 변수 이름으로 사용할 수 없는 것을 고르시오.

① print_1　　② 1print　　③ print1　　④ _print1

2. input( ) 함수로 입력 받은 데이터는 어떤 자료형인지 고르시오.

① int　　② bool　　③ float　　④ str

3. 문자열, 실수형 등을 정수형으로 변환하는 함수를 고르시오.

① int( )　　② bool( )　　③ str( )　　④ float( )

4. print(int(4.5))의 결과로 올바른 것을 고르시오.

① 4.0　　② 5.0　　③ 5　　④ 4

5. 다음 중 사용자 입력을 활용하여 커피 잔 수와 가격을 곱하여 결제 금액을 계산할 때 올바르게 작성된 코드를 고르시오.

① total = input("가격") * input("잔 수")

② total = int(input("가격")) * int(input("잔 수"))

③ total = input("가격") + input("잔 수")

④ total = print("가격") * print("잔 수")

학 습 문 제

6. 다음 코드 를 실행했을 때의 결과를 고르시오.

코드

```
price = 5000
count = 3
print("총금액은", price * count, "원입니다.")
```

① 총금액은 price * count 원입니다.　　② 총금액은 15000 원입니다.

③ 총금액은 5000 x 3 원입니다.　　④ 총금액은 5000 * 3 원입니다.

7. 다음 중 프로그램 실행 시 오류가 발생하는 코드를 고르시오.

① num = input("숫자 입력: ")　　② price = int(input("가격 입력: "))

③ total = "1000" * 2　　④ total = input("가격") + 2

8. 아래 실행 결과 와 같이 직사각형의 가로와 세로 길이를 입력하여 넓이를 출력하는 프로그램을 작성하시오.

결과

입력 가로 : 20
　　 세로 : 10
출력 직사각형 넓이는 200입니다.

9. 아래 실행 결과 와 같이 두 과목의 성적을 입력 받아서 총점과 평균을 출력하는 프로그램을 작성하시오.

결과

입력 국어 점수 : 90
　　 영어 점수 : 90
출력 총점 : 180
　　 평균 : 90.0

CHAPTER

04 연산자로 처리하기

1

계산하도록 지시하기 : 산술 연산자

파이썬에서 가장 기본적인 계산 작업으로 산술 연산자를 사용한다. 산술 연산자에는 사칙 연산에 사용하는 더하기, 빼기, 곱하기, 나누기 외에 나머지, 몫, 제곱 연산자 등을 제공하고 있으며, 연산자 종류와 표현에 대한 설명은 아래 표 4-1 을 참고하여 알아보자.

표 4-1 산술 연산자

연산	연산자	계산식	설명	결과
덧셈	+	val = 5 + 2	5와 2를 더한 값을 val에 대입	7
뺄셈	-	val = 5 - 2	5에 2를 뺀 값을 val에 대입	3
곱셈	*	val = 5 * 2	5와 2를 곱한 값을 val에 대입	10
나눗셈	/	val = 5 / 2	5를 2로 나눈 값을 val에 대입	2.5
몫	//	val = 5 // 2	5를 2로 나눈 뒤 몫을 val에 대입	2
나머지	%	val = 5 % 2	5를 2로 나눈 뒤 나머지를 val에 대입	1
제곱	**	val = 5 ** 2	5의 2제곱한 값을 val에 대입	25

연산자를 사용하여 작성되는 계산식을 연산식[expression]이라고 한다. 사칙연산, 몫, 나머지, 제곱 등의 산술 연산자를 실습을 통해 확인해 보자.

실습 4-1 산술 연산자

```
num1 = 5
num2 = 2

print(num1 + num2) #덧셈
print(num1 - num2) #뺄셈
print(num1 * num2) #곱셈
print(num1 / num2) #나눗셈
print(num1 // num2) #몫
print(num1 % num2) #나머지
print(num1 ** num2) #제곱
```

컴퓨터를 사용하는 이유는 대부분 복잡한 계산 작업을 하기 위해서다. 이러한 복잡한 계산 작업에는 여러 개의 연산자를 사용하는데, 이때 정확한 계산 결과를 구하기 위하여 어떤 연산자부터 계산할 것인지 연산 순서를 정하는 규칙을 연산자 우선순위라고 한다.

앞서 살펴본 산술 연산자의 우선순위를 간략하게 정리하면 다음과 같다.
① 괄호( ) → ② 제곱(**) → ③ 곱셈(*), 나눗셈(/), 나머지(%), 몫(//) → ④ 덧셈(+), 뺄셈(−)
만약 ③④와 같이 동일 우선순위일 경우에는 왼쪽 연산자부터 오른쪽 연산자까지 계산하면 된다. 나머지 연산자들의 우선순위는 본 단원 마지막에 정리한다.

실습 4-2 산술 연산자 우선순위(1)

```
>>> val = 3 + 4 * 2
>>> print(val)
    11
```

곱셈이 덧셈보다 우선순위가 높기 때문에 4 * 2가 먼저 계산되어 결과 8이 되고, 다음 3과 앞의 결과 8이 더해져 결과 11이 된다.

실습 4-3 산술 연산자 우선순위(2)

```
>>> val = (3 + 4) * 2
>>> print(val)
    14
```

곱셈이 덧셈보다 우선순위가 높지만, 괄호가 연산 순위가 높기 때문에 (3 + 4)가 먼저 계산되어 결과 7이 되고, 다음 덧셈 결과 7과 2를 곱한 결과 14가 된다.

실습 4-4 산술 연산자 우선순위(3)

```
>>> val = 10 + 2 * 3 - 4 / 2
>>> print(val)
    14.0
```

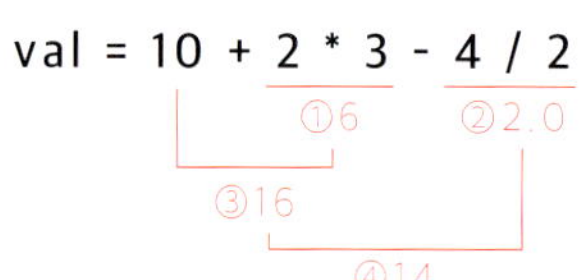

곱셈과 나눗셈이 동일한 우선순위이기 때문에, 왼쪽 2 * 3이 먼저 계산되어 6이 되고, 다음 두 번째로 4/2를 계산하여 2.0이 된다. 그다음 덧셈과 뺄셈은 같은 우선순위이기 때문에, 세 번째 10과 앞 단계의 결과 6을 더하여 16이 되고, 마지막으로 16과 두 번째 계산 결과 2.0을 빼주면 결과 14.0이 된다.

2

컴퓨터에 값 전달하기 : 대입 연산자

대입 연산자는 앞 단원의 변수에서 간략하게 소개했지만, 지금까지 학습 내용 이외 추가적인 내용을 살펴보고자 한다. 대입 연산자는 "=" 기호를 사용하며, "대입 연산자 기준 오른쪽의 값이나 계산 결과를 왼쪽의 변수에 대입(저장, 할당)한다."라는 의미이다.

실습 4-5 대입 연산자 처리

```
>>> num1 = 100
>>> num2 = num1 + 200
>>> num3 = 300 + int("20")
>>> print(num1, num2, num3)
    100 300 320
```

대입 연산자 기준으로 오른쪽에는 데이터(숫자, 문자, 불), 연산식, 값을 가지고 있는 변수 등을 작성할 수 있으며, 왼쪽에는 데이터 값을 저장할 수 있는 변수를 작성한다. 만약 오른쪽의 데이터, 수식, 변수 등의 개수가 2개 이상이라면 콤마로 구분해야 하고, 왼쪽의 변수도 오른쪽의 데이터 개수와 일대일 대응될 수 있도록 동일한 개수로 작성해야 한다.

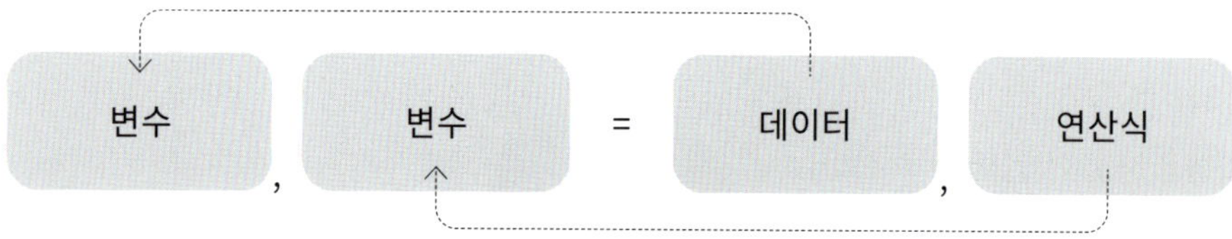

그림 4-1 여러 개의 대입 연산 처리(예: 2개)

실습 4-6 여러 개 데이터 대입 연산 처리

```
>>> num = 100
>>> num1, num2 = 100, 200
>>> print(num1, num2)
100 200
>>> num1, num2, num3 = 100, 200, 300
>>> print(num1, num2, num3)
100 200 300
>>> num1 = num2 = num3 = 100
>>> print(num1, num2, num3)
100 100 100
```

대입 연산자 기준 오른쪽과 왼쪽의 개수가 일치하지 않는 경우 다음과 같은 오류가 발생한다.

실습 4-7 여러 개 데이터 대입 연산 오류

```
>>> num1, num2 = 100, 200, 300
Traceback (most recent call last):
  File "<pyshell#0>", line 1, in <module>
    num1, num2 = 100, 200, 300
ValueError: too many values to unpack (expected 2)
>>> num1, num2 = 100
Traceback (most recent call last):
  File "<pyshell#1>", line 1, in <module>
    num1, num2 = 100
TypeError: cannot unpack non-iterable int object
```

단, 예외도 있다. 대입 연산자 기준 왼쪽에 변수가 1개이고, 오른쪽 데이터가 여러 개인 경우 대입 연산자 규칙에 따르면 틀린 표현이지만, 오류 없이 튜플Tuple 데이터로 생성된다. 튜플 데이터는 이후 단원에서 소개될 컬렉션 자료형(데이터 세트)이다.

실습 4-8 **튜플 데이터 생성**

```
>>> num = 100, 200, 300
>>> print(num)
    (100 300 320)
```

프로그래밍에서 연산식을 작성하다 보면 동일한 변수 이름이 대입 연산자 기준 양변에 사용되는 경우가 많이 있다. 다시 말해서 동일 변수가 계산에 사용되고, 계산 결과를 다시 동일 변수에 저장하는 경우를 의미한다.

실습 4-9 **동일 변수 활용 연산식**

```
>>> num = 100
>>> num = num + 10
>>> print(num)
    110
```

이렇게 동일 변수가 계산 및 대입에 사용되는 식을 누적 연산식이라고 하며, num = num + 10 연산식을 여러 번 실행하면 num 변수의 값을 10씩 증가하는 누적 연산 처리가 된다.

위와 같은 누적 연산식은 복합 대입 연산자를 사용하여 대체할 수 있다. 또한 앞서 배운 산술 연산자는 모두 복합 대입 연산자로 대체 사용 가능하며 다음 표 4-2 와 같이 작성할 수 있다.

표 4-2 복합 대입 연산자

연산자	계산식	설명	비고
+=	val += 5	val = val + 5	
-=	val -= 5	val = val - 5	
*=	val *= 5	val = val * 5	
/=	val /= 5	val = val / 5	
//=	val //= 5	val = val // 5	
%=	val %= 5	val = val % 5	
**=	val **= 5	val = val %% 5	

앞 실습 4-9 의 소스 코드를 복합 대입 연산자를 이용하여 작성하면 다음과 같다.

실습 4-10 복합 대입 연산자 활용 계산과 저장

```
>>> num = 100
>>> num += 10
>>> print(num)
    110
```

계속 더하여 결과 만들기

복합 대입 연산자를 어떤 작업 상황일 때 활용하는지, 다음 실습 예제로 숫자 데이터 20, 10, 50, 30, 40 합계를 구하는 프로그램을 작성하고 내용을 살펴보자.

첫 번째, 덧셈 연산식을 활용한 합계 구하기

숫자 데이터 개수가 5개이기 때문에 합계는 덧셈을 활용한 산술 연산식으로 모든 값을 합하여 결과를 출력할 수 있다.

실습 4-11 덧셈 연산식을 활용한 합계 구하기

```
01 합계 = 0
02
03 합계 = 20 + 10 + 50 + 30 + 40
04
05 print(f"합계 : {합계}")
```

위의 03번 행의 연산식을 보면 동일한 덧셈 연산을 연속적으로 하는 것을 확인할 수 있다. 이와 같이 동일한 덧셈 연산의 연속적인 계산은 누적 연산식으로 변경하여 작성할 수 있다.

두 번째, 누적 연산식을 활용한 합계 구하기

첫 번째 실습 4-11 의 소스 코드를 누적 연산식으로 변경하여 작성하면 다음과 같다.

실습 4-12 누적 연산식을 활용한 합계 구하기

```
01 합계 = 0
02
03 합계 = 합계 + 20
04 합계 = 합계 + 10
05 합계 = 합계 + 50
06 합계 = 합계 + 30
07 합계 = 합계 + 40
08
09 print(f"합계 : {합계}")
```

위 소스 코드의 03번 행에서 07번 행까지의 누적 연산식 코드를 살펴보면 "합계" 변수가 대입 연산자 기준 왼쪽과 오른쪽에 모두 사용된 것을 알 수 있다. 이와 같은 변수 활용일 경우 앞서 설명한 복합 대입 연산자를 활용하여 연산식을 간소화할 수 있다.

세 번째, 복합 대입 연산자를 활용한 합계 구하기

두 번째 실습 4-12 의 소스 코드를 복합 대입 연산자를 이용한 연산식으로 작성하면 다음과 같다.

실습 4-13 복합 대입 연산자를 활용한 합계 구하기

```
합계 = 0

합계 += 20  #합계 = 합계 + 20
합계 += 10  #합계 = 합계 + 10
합계 += 50  #합계 = 합계 + 50
합계 += 30  #합계 = 합계 + 30
합계 += 40  #합계 = 합계 + 40

print(f"합계 : {합계}")
```

긴 대화 문장 만들기

복합 대입 연산자는 숫자 데이터에만 활용되는 것이 아니라 문자열 데이터에도 활용이 가능하다. 단, 덧셈 연산만 활용이 가능하며, 문자열과 문자열을 서로 더하면 결과는 문자열이 서로 연결이 되어 하나의 문자열이 된다. 예를 들어 "파이썬" + "프로그래밍" 이와 같이 덧셈 연산을 하면 문자열을 연결한 결과인 "파이썬 프로그래밍"이 된다.

예제로 세 개의 문자열 "안녕하세요", " 파이썬 카페는", " 처음입니다."를 하나의 문자열이 되도록 연결하여 프로그램을 작성하고 내용을 살펴보자.

첫 번째, 덧셈 연산식을 활용하여 문자열 연결하기

실습 4-14 덧셈 연산식을 활용한 문자열 연결

```
문장 = ""
문장 = "안녕하세요" + " 파이썬 카페는" + " 처음입니다."

print(f"결과 : {문장}")
```

02번 행의 연산식을 보면 앞 숫자 덧셈과 동일하게 연속적인 문자열 덧셈 연산이라는 것을 확인할 수 있다. 따라서 문자열 연산이지만 숫자 연산과 동일하게 누적 연산식으로 변경이 가능하다.

두 번째, 누적 연산식을 활용한 문자열 연결하기

실습 4-15 누적 연산식을 활용한 문자열 연결

```
01  문장 = ""
02  문장 = 문장 + "안녕하세요"
03  문장 = 문장 + " 파이썬 카페는"
04  문장 = 문장 + " 처음입니다."
05
06  print(f"결과 : {문장}")
```

위 소스 코드의 02번 행에서 04번 행까지의 누적 연산식 코드를 살펴보면 "문장" 변수가 대입 연산자 기준 왼쪽과 오른쪽에 모두 사용된 것을 알 수 있다. 이와 같은 연산식은 앞 실습과 동일하게 복합 대입 연산자를 활용하여 연산식을 간소화할 수 있다.

세 번째, 복합 대입 연산자를 활용한 문자열 연결

실습 4-16 복합 대입 연산자를 활용한 문자열 연결

```
문장 = ""
문장 += "안녕하세요"
문장 += "파이썬 카페는"
문장 += "처음입니다."

print(f"결과: {문장}")
```

3

비교하여 판단해 줘 : 비교 연산자

비교 연산자는 숫자나 문자열 데이터의 크기를 비교(크다, 작다, 같다, 작거나 같다, 크거나 같다, 같지 않다.)하는 것으로, 그 결과는 True(참) 또는 False(거짓) 값으로 반환한다. 비교 연산자는 관계 연산자라고도 하며 주로 조건문이나 반복문에서 많이 사용된다. 파이썬에서는 아래 표 4-3 과 같은 비교 연산자를 제공하고 있다.

표 4-3 비교 연산자

연산자	의미	예시	결과
==	같다	10 == 20	FALSE
!=	같지 않다	10 != 20	TRUE
>	크다	10 > 20	FALSE
<	작다	10 < 20	TRUE
>=	크거나 같다	10 >= 20	FALSE
<=	작거나 같다	10 <= 20	TRUE

우선 기본적인 숫자 비교 연산을 예제를 통해 살펴보자.

실습 4-17 숫자 비교 연산

```
print(10 == 20, 10 != 20)
print(10 > 20, 10 < 20)
print(10 >= 20, 10 <= 20)
```

결과

출력
```
False True
False True
False True
```

위 실습 코드 중에서 "10 〉 20"와 같이 참과 거짓이 명확하게 결정되는 비교식을 명제라고 한다. 컴퓨터에서는 명제와 같은 단순 비교식은 잘 사용되지 않으며, 미지수 값에 따라 참과 거짓이 결정되는 조건[6]에 주로 사용된다. 참고로 일상생활 속 실내 온도 변화에 따라 자동 작동되는 스마트 에어컨을 예제로 살펴보자.

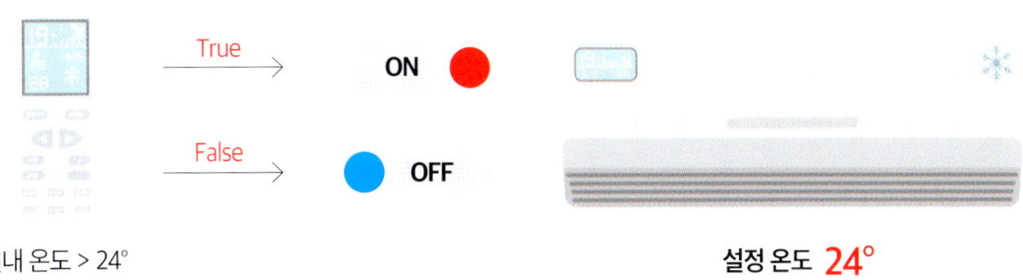

그림 4-2 실내 온도에 따라 작동하는 스마트 에어컨

여름이 되면 에어컨의 냉방 기능을 자동 작동시키기 위하여 그림과 같이 온도(24도)를 설정하게 된다. 실내 온도에 따라 에어컨 설정 온도(24도)보다 높으면 냉방 기능이 On(True) 되어 작동되고, 그렇지 않으면 Off(False) 되어 작동을 멈추게 된다. 여기서 실내 온도는 환경 및 장소에 따라 몇 도가 될지 모르기 때문에 미지수(변수)가 되고, 에어컨에 설정한 온도는 비교하는 기준값에 해당된다.

6 조건: 미지수를 포함하고 있어서 그 미지수의 값에 따라 True(참), False(거짓)가 판별되는 문장이나 식을 말한다.

냉방 기능을 on 실행하기 위한 기준으로 조건식을 표현하면 "실내 온도 〉 24"와 같이 작성할 수 있다. 이와 같은 조건식의 프로그램을 작성하고 입력되는 온도에 따라 결과가 어떻게 다른지 확인해 보자.

실습 4-18 **온도에 따른 결과**

```
온도 = int(input("실내 온도 : "))

결과 = 온도 > 24

print(결과)
```

결과

```
입력 실내 온도: 28
출력 True

입력 실내 온도: 22
출력 False
```

위 조건식 비교 결과가 True이면 "냉방기능 on", False이면 "냉방기능 off"가 된다.

문자열은 사전 순서로 비교 연산이 가능하다. 비교 처리는 첫 번째 문자를 기준으로 비교하고, 같으면 두 번째 문자를 비교하는 방식의 순서대로 마지막 문자까지 비교하게 된다. 한글도 동일한 방식이다. 참고로 영문자는 대소문자가 구분되며 대문자가 소문자보다 크기가 작다.

실습 4-19 문자열 비교

```
str1 = "apple"
str2 = "banana"
str3 = "apps"

print(str1 < str2)
print(str1 > str3)
print(str1 == "Apple")
print(str2 != "Banana")
print(str3 > "Apps")
```

결과

출력
```
True
False
False
True
True
```

4

복잡한 조건은 결합해 줘 : 논리 연산자

비교 연산자가 여러 번 사용되는 복잡한 조건식에 필요한 연산자가 바로 논리 연산자이다. 예를 들어 놀이공원에서 "나이가 10살 이상이고, 키가 145Cm 이상"일 경우에만 놀이기구를 탈 수 있다면, 조건식으로 " 나이 〉=10"와 "키 〉= 145"와 같이 두 조건을 모두 만족해야 한다. 이와 같이 여러 개의 조건을 연결하여 True인지 False인지를 판단할 때 사용하는 연산자가 바로 논리 연산자이다.

논리 연산자에는 and(그리고), or(또는), not(부정) 세 가지가 있다.

표 4-4 논리 연산자

연산자	의미	설명
조건1 and 조건2	그리고	조건1, 조건2 모두 참일 경우 참
조건1 or 조건2	또는	조건1, 조건2 두 조건 중 하나만 참이면 참
not 조건	부정	조건이 참이면 거짓, 거짓이면 참

다음 실습 예제를 통해 논리 연산자의 결과를 확인해 보자.

실습 4-20 논리 연산자

```
print(100 < 200 and 200 > 300)
print(100 < 200 or 200 > 300)
print(not 100 < 200)
```

결과

출력 False
True
False

논리 연산자는 조건식의 결과인 불 값을 비교하여 그 결과를 반환한다. 두 개의 조건식에 대한 진리표를 작성하면 다음과 같다.

표 4-5 논리 연산자 진리표

조건1	조건2	조건1 and 조건2	조건1 or 조건2	not 조건1
True	True	True	True	False
True	False	False	True	False
False	True	False	True	True
False	False	False	False	True

실습 4-21 **불 값과 논리 연산자**

```
#and
print(True and True)
print(True and False)

#or
print(True or True)
print(True or False)

#not
print(not True)
print(not False)
```

결과

출력 True
False
True
True
False
True

앞서 소개한 "놀이공원에서 나이가 10살 이상이고, 키가 145Cm 이상일 경우에만 놀이기구를 탈 수 있다."에서 놀이기구를 타기 위해서는 반드시 나이와 키 두 조건을 모두 만족해야 하기 때문에 조건식을 표현하면 "나이 >=10 and 키 >= 145"와 같다. 해당 조건식을 적용한 프로그램을 작성하고 입력되는 나이와 키에 따른 결과를 확인해 보자.

실습 4-22 놀이기구 탑승 조건

```
나이 = int(input("나이 입력 : "))
키 = int(input("키 입력 : "))

결과 = 나이 >= 10 and 키 >= 145

print(결과)
```

결과

입력 나이 입력 : 25
키 입력 : 170
출력 True

조건식 비교 결과가 True이면 "놀이기구 탑승 가능", False이면 "놀이기구 탑승 불가능"이 된다.

합격할 수 있어? - 합격 점수 조건식

문제 입력한 점수가 "80점에서 100점 사이"일 경우 합격 처리를 위한 조건식을 생각해보고, 해당 조건식을 적용한 프로그램을 작성하시오.

힌트 80점에서 100점 사이의 점수를 조건식으로 "80 〈= 점수 〈= 100"와 같이 표현할 수 있다. 하지만 조건식의 경우 일반적으로 비교 연산자 기준, 비교 대상이 되는 값은 한 개이기 때문에 조건식을 "점수 〉=80", "점수 〈= 100" 같이 두 개의 조건식으로 풀어서 작성해야 한다.

그림 4-3 합격 점수 범위 구간 그래프

위 조건은 모두 만족해야 하기 때문에 and 논리 연산자와 함께 최종 "점수 〉= 80 and 점수 〈= 100"와 같이 다시 작성할 수 있다. 점수가 합격 범위의 조건식에 포함이 될 경우 결과는 True가 출력되고, 포함되지 않는 불합격의 결과는 False로 출력된다.

실습 4-23 합격 조건식

```
점수 = int(input("점수 입력 : "))

결과 = 점수 >= 80 and 점수 <= 100

print(결과)
```

결과

입력 점수 입력 : 90

출력 True

입력 점수 입력 : 50

출력 False

할인 받을 수 있어? - 교통비 할인 조건식

문제 나이가 10세 이하이거나 60세 이상일 경우 교통비 할인을 위한 조건식을 생각해보고, 해당 조건식을 적용한 프로그램을 작성하시오.

힌트 교통비 할인을 위한 조건식을 생각해보면 "나이 <= 10", "나이 >=60"와 같이 두 조건 범위로 표현할 수 있다. 나이는 조건식 두 범위 중에서 어느 한 범위만 만족하면 되기 때문에 or 논리 연산자를 사용하여 최종 "나이 <= 10 or 나이 >= 60"와 같이 표현할 수 있다.

그림 4-4 교통비 할인 범위 구간 그래프

나이가 두 범위 중 어느 한 조건에 포함이 될 경우 교통비 할인되는 결과 True가 출력되고, 두 조건 모두 포함되지 않는 경우 교통비 할인이 되지 않는 결과 False가 출력된다.

실습 4-24 교통비 할인 조건식

```
나이 = int(input("나이 입력 : "))

결과 = 나이 <= 10 or 나이 >= 60

print(결과)
```

결과

입력 나이 입력 : 40

출력 False

입력 나이 입력 : 65

출력 True

5

컴퓨터는 계산 순서가 있어 : 연산자 우선순위

앞서 산술 연산자, 대입 연산자, 비교 연산자, 논리 연산자 등의 기본 연산자를 살펴보았다. 이외에도 여러 연산자들이 많이 있지만 기본 연산자만 보더라도 종류가 상당히 많은 편이다. 프로그램에서 여러 연산자가 연산식에 사용되어 작성될 경우 어떤 연산자를 먼저 계산해야 정확한 계산이 되는지, 파이썬에서는 계산 규칙을 제공하고 있는데 산술 연산자에서 소개한 바로 연산자 우선순위이다. 연산 우선순위를 지키지 않을 경우 원하지 않는 결과를 구할 수 있는 만큼 아주 중요하기 때문에 기본 연산자들의 연산자 우선순위를 전체적으로 정리하여 살펴본다. 단, 입문서인 만큼 소개하지 않은 연산자들은 생략한다.

표 4-6 연산자 우선순위

우선순위	연산자	설명	구분
1	( )	괄호, 가장 우선순위가 높음	괄호 연산자
2	**	지수 연산자(제곱)	산술 연산자
3	+, -	부호 연산자(양수, 음수)	단항 연산자
4	*, /, //, %	곱셈, 나눗셈, 몫, 나머지 연산자	산술 연산자
5	+, -	덧셈, 뺄셈 연산자	산술 연산자
6	>, <, >=, <=	대소 비교 연산자	비교 연산자
7	==, !=	동등 비교 연산자	비교 연산자
8	=, +=, -=, *=, /= …	대입, 복합 대입 연산자	대입 연산자
9	not	부정	논리 연산자
10	and	그리고	논리 연산자
11	or	또는	논리 연산자

연산 우선순위는 번호가 낮을수록 제일 높으며, 같은 번호에 있는 동일한 연산 우선순위일 경우 왼쪽에서 오른쪽으로 연산하면 된다.

학 습 문 제

1. 다음은 대입 연산자 코드이다. 오류가 발생하는 것을 고르시오.

① num1, num2 = 10, 20 ② num1 = 20

③ num1, num2 = 10 ④ num1, num2, num3 = 10, 20, 30

2. 다음 코드를 실행했을 때 정상적으로 실행되는 코드를 고르시오.

코드

```
data1, data2 = "파이썬", 2
```

① print(data1 + data2) ② print(data1 * data2)

③ print(data1 - data2) ④ print(data1 / data2)

3. 다음 코드를 실행했을 때의 결과를 고르시오.

코드

```
num1, num2, num3 = 2, 3, 4
print(num1 + num2 * num3)
```

① 20 ② 14 ③ 10 ④ 9

4. 다음 코드를 실행했을 때의 결과를 고르시오.

코드

```
result = 2 + 3 * 2 ** 2
print(result)
```

① 10 ② 16 ③ 14 ④ 20

학 습 문 제

5. "나이가 10세 이하이거나 60세 이상이다."의 조건식으로 맞는 것을 고르시오.

① 나이 <= 10 and 나이 >= 60　　② 나이 < 10 or 나이 > 60

③ 나이 < 10 and 나이 > 60　　④ 나이 <= 10 or 나이 >= 60

6. 다음 연산자 중에서 우선순위가 가장 낮은 것을 고르시오.

① **　　② +　　③ not　　④ or

7. 다음 코드 의 연산식을 우선순위에 따라 수행되는 단계를 차례대로 작성하시오.

코드

```
(5 + 2) * 2 / 2
```

8. 1 BTC에 55,000원인 비트코인의 보유 개수를 입력 받아서 아래 실행 결과 와 같이 보유하고 있는 비트코인 총금액을 출력하는 프로그램을 작성하시오.

결과

입력　보유 BTC 개수 : 5

출력　비트코인 총금액은 275000원입니다.

9. 두 자리 정수를 입력하여 아래 실행 결과 와 같이 십의 자리와 일의 자리를 출력하는 프로그램을 작성하시오.

결과

입력　숫자 입력 : 56

출력　십의 자리 : 5

일의 자리 : 6

CHAPTER

05 선택하여 처리하기

| 조건문 |

1 차례대로 처리하기 : 순차 구조

조건문을 배우기에 앞서 프로그램 처리 흐름인, 즉 컴퓨터 처리 과정을 소개한다. 컴퓨터 처리 과정은 기본적으로 입력(Input) → 처리(Process) → 출력(Output)이며, 줄여서 IPO 처리 과정이라고 한다. 앞 단원까지 input( ) 입력함수, print( ) 출력함수, 대입 연산, 연산 처리(산술, 대입, 비교, 논리)와 프로그램 처리에 필요한 데이터 종류 등을 학습하고 프로그램 작성 실습까지 진행하였다. 지금까지 실습한 전체 프로그램의 처리 과정을 살펴보면 대부분 위에서 아래로 차례대로 하나씩 실행되는 구조라는 것을 알 수 있다. 이와 같이 위에서 아래로 실행되는 처리 구조를 Top-Down 방식의 순차 구조라고 한다.

학습의 편의를 위하여 소개하지는 않았지만 프로그램 처리 과정을 쉽게 파악할 수 있도록 정해진 기호나 도형으로 도식화하여 표현하는 도구로 순서도Flowchart가 있다. 순서도는 알고리즘 표현 중의 하나이며, 앞 단원까지 학습한 파이썬 명령에 해당하는 순서도 기호는 아래 표 5-1 의 종류가 있다. 순서도는 프로그램의 전체 흐름을 알 수 있고, 기호들은 파이썬 명령과 대응되기 때문에 프로그램 작성에 참고할 수 있는 효율적인 도구가 된다.

표 5-1 순서도 기호

기호	설명	표현
	순서도의 시작이나 끝을 나타내는 기호	시작(끝)
	값을 계산하거나 대입 등을 나타내는 기호	명령처리
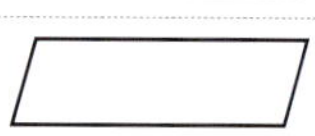	입출력을 나타내는 기호	입력(출력)
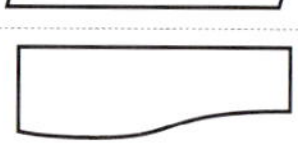	서류 인쇄할 것을 나타내는 기호	인쇄
	처리 흐름을 나타내는 기호	→

예제로 한 개의 정수(num)를 입력 받아서 10을 더하고, 10을 빼기한 결과를 출력하는 프로그램과 앞서 소개한 순서도를 작성하여 내용을 살펴보자.

실습 5-1 프로그램과 순서도

```
#입력(Input)
num = int(input("숫자 입력 : "))

#처리(Process)
add = num + 10
sub = num - 10

#출력(Output)
print(f"덧셈 결과 : {add}")
print(f"뺄셈 결과 : {sub}")
```

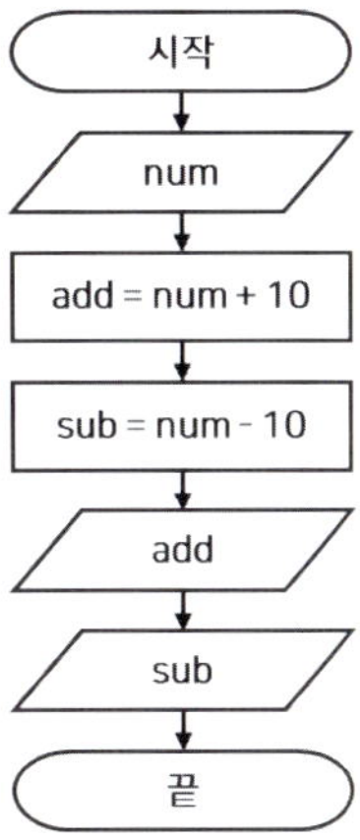

결과

입력 숫자 입력 : 30

출력 덧셈 결과 : 40

뺄셈 결과 : 20

위 순서도를 살펴보면 시작에서 끝까지 위에서 아래로(Top-Down 방식) 차례대로 처리하여 결과를 출력하는 것을 알 수 있다. 이와 같이 우리 일상생활에서도 어떤 작업을 할 때 항상 순서대로 처리되는 경우도 있지만, 때로는 자판기에서 여러 음료 중에 내가 원하는 하나의 음료를 선택하는 것과 같이 상황에 따라 여러 가지 작업 중에서 원하는 작업을 선택하여 처리하는 경우도 있다. 프로그램에서도 명령을 차례대로 구성하여 처리하는 순차 구조 처리도 있지만, 특정 상황에 따라 명령을 선택하여 처리하는 선택 구조도 있다.

2

선택하여 처리하기 : 선택 구조

선택 구조는 반드시 조건이 수반되어야 한다. 조건은 "어떤 일이 이루어지거나 성립하기 위해 갖추어져야 할 상태나 요소"를 의미한다. 즉 다시 말해서 어떤 일을 처리하기 위한 기준을 말하며, 기준의 결과는 반드시 참(True) 또는 거짓(False)이 되어야 한다. 따라서 선택 구조는 주어진 조건(기준)의 결과(True, False)에 따라 실행할 명령을 선택하여 처리하는 구조를 말한다.
프로그램에서 조건은 "변수의 값에 따라 참 또는 거짓이 결정되는 문장이나 식"을 의미하며, 여기서 변수가 어떤 일의 선택 처리 유무를 결정하는 요소가 된다. 예를 들어 "x > 3" 비교식은 변수 x의 값에 따라 참(x > 3) 또는 거짓(x <= 3)이 결정될 수 있는 조건 또는 조건식이 된다. 이와 같이 선택 구조는 주어진 조건의 결과에 따라 실행되는 명령이 달라지는 처리 구조인 것이다.

선택 구조에 사용하는 순서도 기호는 아래와 같다.

표 5-2 순서도 선택(판단) 기호

기호	설명	표현
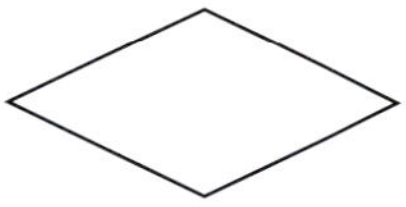	조건의 결과(참/거짓 또는 예/아니요) 선택에 따른 분기 처리를 나타내는 기호	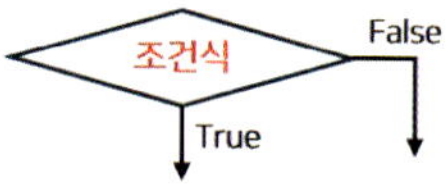

선택 구조는 마름모로 표현하며 기호 내에 조건식을 작성하며, 작성된 조건식의 결과에 따라 선택할 수 있도록 흐름선 위에 True 또는 False를 표현한다. 이와 같이 조건식의 결과에 따라 서로 다른 명령을 선택하여 처리하는 선택 구조를 프로그래밍에서는 조건문이라 하고, if라는 명령을 사용하여 if문이라고도 한다.

이번 단원에서는 파이썬의 대표적인 이중 if문(if~ else~), 단순 if문(if~), 다중 if문(if~ elif~ else~) 등 3가지 조건문에 대하여 소개한다.

3

둘 중에 하나 선택 : 이중 if문 (if~ else~)

첫 번째로 살펴볼 조건문의 형식은 이중 if문(if~ else~)이며 양자택일 조건문이라고 한다. 선택 처리 기준이 되는 조건식의 결과는 항상 참 또는 거짓이기 때문에 2개의 결과 중에 한 개를 선택하여 처리할 수 있는 전형적인 형식이다. 이중 if문의 순서도는 아래와 같이 작성할 수 있다.

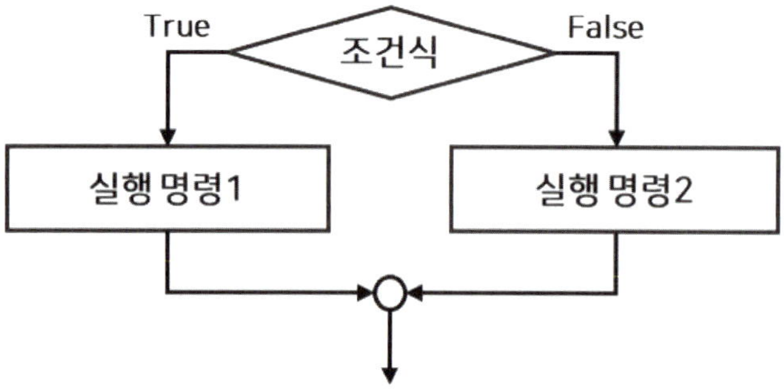

그림 5-1 이중 if문 순서도

조건식의 결과가 True이면 실행 명령1을, False이면 실행 명령2를 각각 선택하여 서로 다른 명령을 실행하는 구조이다. 위 순서도를 참고하여 조건문으로 작성하면 그림 5-2 와 같이 마름모는 if문과 조건식으로 바로 뒤에 콜론(:)을 작성한다. 해당 조건식이 True(참)일 경우에는 바로 아래 실행 명령1을 들여쓰기를 하여 작성한다. 만약 조건식이 False(거짓)일 경우에는 else와 콜론을 작성하고, 바로 아래 실행 명령2를 들여쓰기를 하여 작성한다. 조건문 작성 시에 실행 명령들은 포함 관계로 인해 반드시 들여쓰기를 하여 작성해야 한다. 들여쓰기는 Tab(Tab) 키를 이용하여 효율적으로 작업할 수 있으며, 위치가 일치하지 않으면 오류가 발생한다.

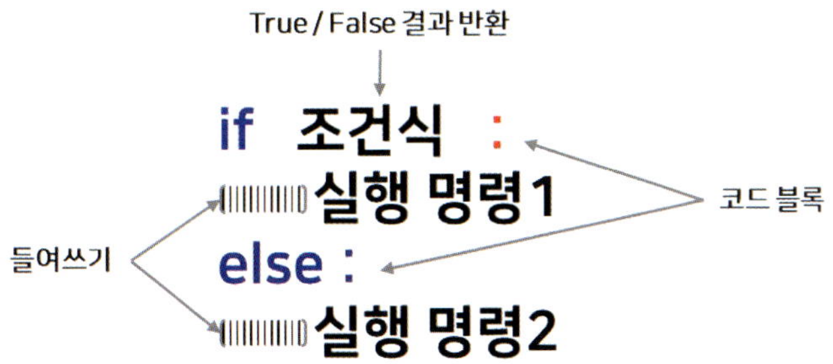

그림 5-2　if~ else~ 조건문 형식

다음 실습 예제를 통하여 이중 if문에 해당하는 순서도와 프로그램을 작성하고 if~ else~ 조건문 형식을 살펴본다.

합격 판정 프로그램

성적을 입력 받아서 성적이 70점 이상이면 "합격", 그렇지 않으면 "불합격"을 출력하는 프로그램과 순서도를 작성하면 다음과 같다.

실습 5-2　합격 판정

```
score = int(input("성적 입력 : "))

if score >= 70 :
    print("합격")
else :
    print("불합격")
```

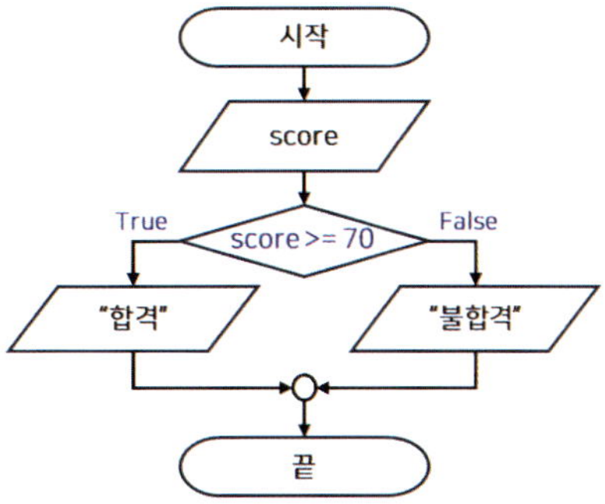

결과

입력　성적 입력 : 80
출력　합격

입력　성적 입력: 55
출력　불합격

양수와 음수 판별 프로그램

한 개의 정수를 입력 받아서 "양수" 또는 "음수"인지 판별하는 순서도와 프로그램을 작성하면 다음과 같다.

실습 5-3 양수와 음수 판별

```
num = int(input("정수 입력 : "))

if num > 0 :
    print("양수")
else :
    print("음수")
```

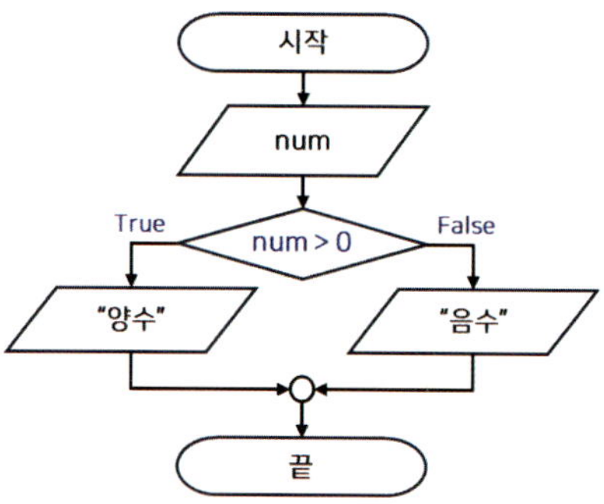

결과

입력 정수 입력 : 80
출력 양수

입력 정수 입력 : -20
출력 음수

문제 상황에 따라 True와 False에 해당하는 실행 명령이 2개 이상인 경우도 있다. 이때도 동일하게 True 실행 명령과 False 실행 명령을 들여쓰기로 맞춰 작성해 주면 된다.

실습 5-4 여러 개 실행 명령 처리

```
01  num = int(input("정수 입력 : "))
02
03  if num > 0 :
04      print("양수")
05      print("0보다 큰 수입니다.")
06  else :
07      print("음수")
08      print("0보다 작은 수입니다.")
```

결과

```
입력 정수 입력 : 80
출력 양수
     0보다 큰 수입니다.

입력 정수 입력 : -20
출력 음수
     0보다 작은 수입니다.
```

조건식이 True이면 4번 행에서 5번 행까지 명령을 실행하고, False이면 7번 행에서 8번 행까지 명령을 실행한다. 다만 조건식의 결과에 따라 실행 문장이 여러 개일 경우에도 정확하게 들여쓰기 위치를 일치시켜야 한다. 그렇지 않은 경우 다음과 같은 들여쓰기[indent] 오류가 발생한다.

실습 5-5 들여쓰기 오류(1)

```
01  num = int(input("정수 입력 : "))        #5행 들여쓰기 오류
02
03  if num > 0 :
04      print("양수")
05       print("0보다 큰 수입니다.")
06  else :
07      print("음수")
08      print("0보다 작은 수입니다.")
```

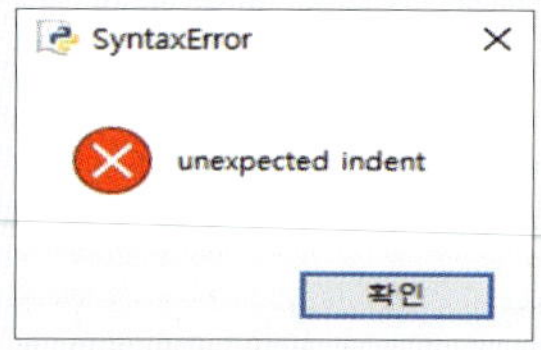

실습 5-6 들여쓰기 오류(2)

```
01  num = int(input("정수 입력 : "))        #7행 들여쓰기 오류
02
03  if num > 0 :
04      print("양수")
05      print("0보다 큰 수입니다.")
06  else :
07       print("음수")
08      print("0보다 작은 수입니다.")
```

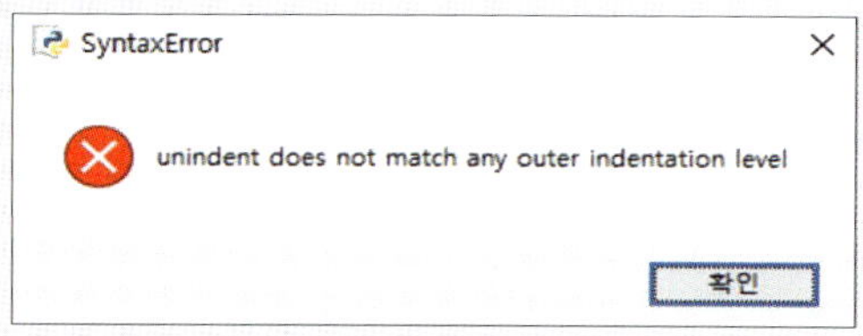

짝홀수 판별 프로그램

정수 한 개를 입력 받아서 그 숫자가 짝수인지 홀수인지 판별하는 프로그램을 작성하시오. (※ 정수를 2로 나눈 나머지 값이 0이면 짝수, 그렇지 않으면 홀수가 된다.)

실습 5-7 짝홀수 판별 프로그램

```
num = int(input("정수 입력 : "))

na = num % 2

if na == 0 :
    print("짝수")
else :
    print("홀수")
```

결과

입력 정수 입력 : 80
출력 짝수

입력 정수 입력 : 21
출력 홀수

할인 결제 금액 계산 프로그램

커피숍에서는 총결제 금액이 15000원 이상이면 10%의 할인 행사를 진행하고 있다. 커피 메뉴는 두 종류만 판매하며 커피별 가격으로는 아메리카노 4000원, 카페라테 4500원이다. 할인된 총결제 금액을 아래 결과 와 같이 출력되도록 프로그램을 작성하시오.

결과

입력 아메리카노 주문 잔 수 : 2

카페라테 주문 잔 수 : 2

출력 할인 전 금액은 17000원입니다.

할인 금액은 1700원입니다.

최종 결제 금액은 15300원입니다.

실습 5-8 할인 결제 금액 계산 프로그램

```
#커피 가격
americano_price = 4000
latte_price = 4500

#주문 잔 수
americano_cup = int(input("아메리카노 주문 잔 수: "))
latte_cup = int(input("카페라테 주문 잔 수: "))

#총금액 계산
total_price = (americano_price * americano_cup) + (latte_price * latte_cup)

#10% 할인 금액 계산
discount_amount = total_price * 0.1

#최종 결제 금액 계산
if total_price >= 15000 :
  final_price = total_price - discount_amount
else :
  final_price = total_price

#결과 출력
print(f"할인 전 금액은 {total_price}원입니다.")
print(f"할인 금액은 {int(discount_amount)}원입니다.")
print(f"최종 결제 금액은 {int(final_price)}원입니다.")
```

4

필요한 하나만 처리 : 단순 if문 (if~)

단순 if문은 조건식의 결과가 True인 경우에만 지정한 실행 명령을 처리하며, 순서도와 파이썬 조건문 형식은 그림 5-3 과 같다.

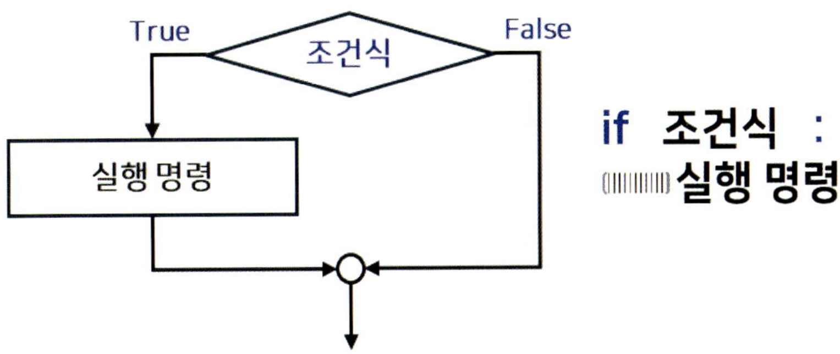

그림 5-3 단일 if문 순서도와 if~ 조건문 형식

다음 실습 예제를 통하여 단일 if문에 해당하는 순서도와 프로그램을 작성하고 if~ 조건문 형식을 살펴보자.

화재경보기 작동 프로그램

거실에 있는 화재 감지 센서(fire)가 "on"이면 화재가 감지되었다는 긴급 알림으로 "화재경보기 작동 시작!!", "빨리 대피소로 이동하세요!!"라고 메시지를 출력한다. 만약에 "off"이면 "화재경보기 작동 중지!!"라고 메시지를 출력하는 프로그램을 작성하시오.

실습 5-9 화재경보기 작동

```
fire = input("화재 센서 감지(on/on) : ")

if fire == "on" :
    print("화재경보기 작동 시작!!")
    print("빨리 대피소로 이동하세요!!")
if fire == "off" :
    print("화재경보기 작동 중지!!")
```

결과

입력 화재 감지 센서 작동(on/off) : on
출력 화재경보기 작동 시작!!
빨리 대피소로 이동하세요!!

입력 화재 감지 센서 작동(on/off) : off
출력 화재경보기 작동 중지!!

냉장고 온도 조절 프로그램

냉장고의 온도(temp)가 표준 온도(3도)를 초과하면 "냉장고의 온도를 조절합니다.", "냉장고의 온도를 정상 유지합니다."라고 출력하고, 그렇지 않은 경우에는 "냉장고의 온도를 정상 유지합니다."를 출력하는 프로그램을 작성하시오.

실습 5-10 냉장고 온도 조절

```
temp = int(input("냉장고 온도 입력 : "))

if temp > 3 :
    print("냉장고 온도를 조절합니다.")

print("냉장고 온도를 정상 유지합니다.")
```

결과

입력 냉장고 온도 입력 : 5

출력 냉장고 온도를 조절합니다.

냉장고 온도를 정상 유지합니다.

입력 냉장고 온도 입력 : 2

출력 냉장고 온도를 정상 유지합니다.

롤러코스터 탑승 프로그램

놀이동산의 롤러코스터를 탑승하기 위해서는 나이가 15세 이상, 키 높이는 140Cm 이상이 되어야 한다. 해당 조건식이 True이면 "롤러코스터 탑승 가능", "소지품 주의하세요.", "즐거운 시간되세요." 등의 메시지를 출력하고, False이면 어떠한 메시지 내용도 출력하지 않는 프로그램을 작성하시오.

실습 5-11 롤러코스터 탑승 조건

```
나이 = int(input("나이 입력 : "))
키 = int(input("키 입력 : "))

if 나이 >= 15 and 키 >= 140 :
    print("롤러코스터 탑승 가능")
    print("소지품 주의하세요")
    print("즐거운 시간되세요")
```

결과

```
입력 나이 입력 : 20
     키 입력 : 160
출력 롤러코스터 탑승 가능
     소지품 주의하세요
     즐거운 시간되세요
```

5

복잡하지만 현명한 선택 : 다중 if~ 문

여러 개의 조건(2개 이상)을 비교하고 각각의 조건에 대해 실행할 명령을 지정하여 처리되는 조건문을 말하며, if문 안에 또 다른 if문이 있어 다중 if문 또는 중첩 if문이라고 한다. 대표적인 유형으로 조건이 True일 경우 다른 조건을 실행하는 다중 if문, 조건이 False일 경우 다른 조건을 실행하는 다중 if문 등이 있다.

조건이 True일 경우 다른 조건을 실행하는 다중 if문

놀이동산의 롤러코스터를 탑승하기 위해서는 나이가 15세 이상, 키 높이는 140㎝ 이상이 되어야 한다. 해당 조건식이 True이면 "롤러코스터 탑승 가능", "소지품 주의하세요.", "즐거운 시간되세요." 등의 메시지를 출력하고, False이면 어떠한 메시지 내용도 출력하지 않는 프로그램을 작성하시오.

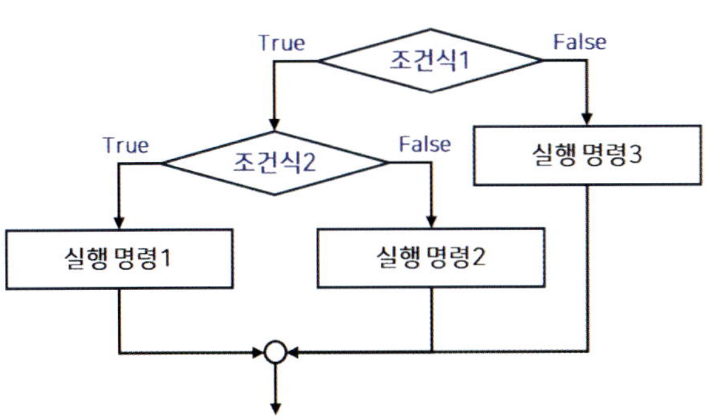


```
if 조건식1 :
    if 조건식2 :
        실행 명령1
    else :
        실행 명령2
else :
    실행 명령3
```

그림 5-4 조건이 True일 경우 다른 조건을 실행하는 다중 if 순서도와 형식

위 순서도와 파이썬 코드의 형식을 같이 살펴보면 ①조건식1과 조건식2가 모두 True일 경우 지정한 실행 명령1을 처리, ②조건식1은 True이고, 조건식2가 False일 경우 지정한 실행 명령2를 처리, ③조건식1이 False일 경우 지정한 실행 명령3이 처리된다.

(1) 나이에 따른 영화 관람 등급

입력 받은 나이에 따라 영화 관람 등급을 결정하는 프로그램을 아래 조건을 참고하여 작성하시오.

- 18세 이상이면 "성인입니다."라고 출력
- 18세 이상이면서 65세 이상이면 "성인입니다.", "경로 할인 요금이 적용됩니다."라고 출력
- 18세 미만이면 "미성년자입니다."라고 출력

실습 5-12 영화 관람 등급

```
나이 = int(input("나이 입력 : "))

if 나이 >= 18 :
    print("성인입니다.")
    if 나이 >= 65 :
        print("경로 할인 요금이 적용됩니다.")
else:
    print("미성년자입니다.")
```

결과

```
입력 나이 입력 : 70
출력 성인입니다.
     경로 할인 요금이 적용됩니다.

입력 나이 입력 : 15
출력 미성년자입니다.
```

(2) 홈페이지 로그인 시스템

입력 받은 사용자 id와 비밀번호로 로그인 여부를 결정하는 프로그램을 아래 조건을 참고하여 작성하시오.

- 사용자 id가 admin이면 비밀번호를 입력하여 검사
- 비밀번호가 1234이면 "로그인 성공", 아니면 "비밀번호 오류" 출력
- 사용자 id가 admin이 아니면 "존재하지 않는 사용자" 출력

실습 5-13 | 홈페이지 로그인

```
user_id = input("사용자 id 입력 : ")

if user_id == "admin" :
  password = input("비밀번호 입력 : ")
  if password == "1234" :
    print("로그인 성공")
  else :
    print("비밀번호 오류")
else :
  print("존재하지 않는 사용자")
```

결과

입력 사용자 id 입력 : admin
비밀번호 입력 : 1234
출력 로그인 성공

입력 사용자 id 입력 : admin
비밀번호 입력 : 2345
출력 비밀번호 오류

입력 사용자 id 입력 : user
출력 존재하지 않는 사용자

조건이 False일 경우 다른 조건을 실행하는 다중 if문

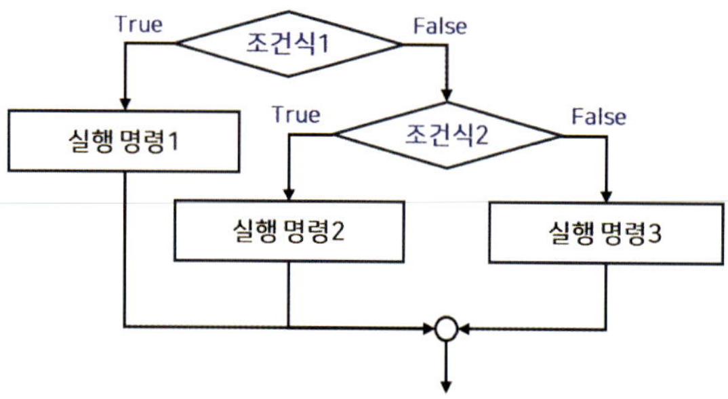


```
if 조건식1 :
    실행 명령1
else :
    if 조건식2 :
        실행 명령2
    else :
        실행 명령3
```

그림 5-5 조건이 False일 경우 다른 조건을 실행하는 다중 if 순서도와 형식

위 순서도와 파이썬 코드의 형식을 같이 살펴보면 ①조건식1이 True일 경우 지정한 실행 명령1을 처리, ②조건식1은 False이고, 조건식2가 True일 경우 지정한 실행 명령2를 처리, ③조건식1과 조건식2 모두 False일 경우 지정한 실행 명령3이 처리된다.

(1) 숫자 양수, 음수, 0 판별

입력 받은 숫자가 양수인지, 음수인지, 0인지를 판별하는 프로그램을 작성하시오.

실습 5-14 양수, 음수, 0 판별

```
num = int(input("숫자 입력 : "))

if num > 0 :
  print("양수입니다.")
else :
  if num < 0 :
    print("음수입니다.")
  else :
    print("0입니다.")
```

결과

입력 숫자 입력 : -15

출력 음수입니다.

입력 숫자 입력 : 20

출력 양수입니다.

(2) 성적 평가 프로그램

입력 받은 점수가 90점 이상이면 "A학점", 80점 이상이면 "B학점", 70점 이상이면 "C학점", 60점 이상이면 "D학점", 그 외 나머지 60점 미만이면 "F학점"을 출력하는 프로그램을 작성하시오.

실습 5-15 성적 평가

```
score = int(input("점수 입력 : "))

if score >= 90:
  print("A 학점입니다.")
else :
  if score >= 80:
    print("B 학점입니다.")
  else :
    if score >= 70:
      print("C 학점입니다.")
    else :
      if score >= 60:
        print("D 학점입니다.")
      else:
        print("F 학점입니다.")
```

결과

입력 점수 입력 : 78

출력 C 학점입니다.

입력 점수 입력 : 35

출력 F 학점입니다.

elif~ 문

앞서 다중 if문의 실습 예제를 살펴보았다. 다중 if문은 복잡한 조건을 논리적으로 표현할 수 있어 편리하지만 조건식이 많아지는 경우 if~ else~ 문 내에 다시 if~ else~ 문을 사용하는 것과 같이 조건문이 너무 길게 중첩이 되어 코드가 복잡해지고 가독성이 떨어지는 단점이 있다. 이를 해결하기 위하여 중첩이 되고 있는 else if~ 문을 elif~ 문으로 줄여서 작성하면 된다. if~ else if~ 문을 활용한 앞의 예제 실습 소스 코드를 if~ elif~ else~ 문으로 수정한 후, 실행 결과를 확인해 보자.

(1) 숫자 양수, 음수, 0 판별

실습 5-16 elif문 활용 양수, 음수, 0 판별

```
num = int(input("숫자 입력 : "))

if num > 0 :
  print("양수입니다.")
elif num < 0 :
  print("음수입니다.")
else :
  print("0입니다.")
```

(2) 성적 평가 프로그램

실습 5-17 elif문 활용 성적 평가

```
score = int(input("점수 입력 : "))

if score >= 90:
   print("A 학점입니다.")
elif score >= 80:
   print("B 학점입니다.")
elif score >= 70:
   print("C 학점입니다.")
elif score >= 60:
   print("D 학점입니다.")
else:
   print("F 학점입니다.")
```

위 elif문으로 수정한 소스 코드가 조건문을 좀 더 깔끔하고 체계적으로 만들어 주었고 더불어 가독성 또한 향상된 것을 알 수 있다. 실행 결과도 동일하다는 것을 확인할 수 있다.

학 습 문 제

1. 다음 코드 는 짝홀수 판별 프로그램이다. 빈 줄에 들어갈 알맞은 코드를 고르시오.

코드

```
num = int(input("정수 입력 : "))
if ____________ :
    print("홀수입니다.")
else :
    print("짝수입니다.")
```

① num % 2 > 0　　② num % 2 == 0　　③ num % 2 < 0　　④ num % 2 != 0

2. 다음 코드 에서 오류가 발생하는 행 번호를 고르시오.

코드

```
01  num = int(input("정수 입력 : "))
02  if num > 100
03      print("100보다 큰 수입니다.")
04  print("프로그램 종료")
```

① 01번 행 input( ) 함수　　② 02번 행 if문

③ 03번 행 print( ) 함수　　④ 04번 행 print( ) 함수

3. 다음 코드 에서 오류가 없는 것을 고르시오.

①
```
if num > 100 :
    print("num은 100보다 크다.")
print("num : ", num)
```

②
```
if num > 100 :
print("num은 100보다 크다.")
print("num : ", num)
```

③
```
if num > 100 :
print("num은 100보다 크다.")
print("num : ", num)
```

④
```
if num > 100 :
print("num은 100보다 크다.")
    print("num : ", num)
```

학 습 문 제

4. 다음 중 elif 문을 사용하는 가장 큰 목적은 무엇인지 고르시오.

① 들여쓰기 오류를 방지하기 위해

② 조건이 복잡할 때 코드를 간단하게 만들기 위해

③ 반복적인 작업을 수행하기 위해

④ 사용자 입력을 처리하기 위해

5. 다음 코드 의 출력 결과로 알맞은 것을 고르시오.

코드

```
x = 5
if x > 10:
    print("크다")
else:
    print("작거나 같다")
```

① 크다　　② 작거나 같다

③ 아무것도 출력되지 않는다.　　④ 오류 발생

6. 다음 조건 을 참고하여 입력 받은 온도에 따른 메시지가 실행 결과 와 같이 출력될 수 있도록 프로그램을 작성하시오.

조건　온도에 따른 메시지 처리

- 온도가 0도보다 낮으면 "너무 춥습니다."
- 온도가 0도에서 30도 사이면 "적당한 온도입니다."
- 온도가 30도보다 높으면 "너무 덥습니다."

결과

입력　온도 입력 : 15

출력　적당한 온도입니다.

학 습 문 제

7. 다음 조건 을 참고하여 입력 받은 연도가 윤년인지 평년인지 아래 실행 결과 와 같이 출력하는 프로그램을 작성하시오.

조건 **윤년이 되는 조건**

- 연도가 4로 나눠지고, 100으로 나눠지지 않으면 윤년
- 연도가 400으로 나눠지면 윤년

결과

입력 연도 입력 : 2024

출력 윤년입니다.

입력 연도 입력 : 2023

출력 평년입니다.

CHAPTER

06 반복하며 처리하기 | 반복문 |

1

반복하며 처리하기 : 반복 구조

일상생활에서 일을 하다 보면 동일하거나 비슷한 일들이 연속적이면서 반복적으로 나타나는 경우가 종종 있다. 이러한 상황을 패턴pattern이라고 하며, 프로그래밍 작업에서도 패턴은 흔히 있는 작업 중 하나이다. 만약 프로그래밍 작업에서 패턴을 발견한다면 반복 구조로 표현하면 코드의 중복을 줄이고 가독성을 향상시킬 수 있다. 또한 복잡한 문제를 해결하는 데 도움이 될 뿐만 아니라, 프로그램의 수정 및 확장이 필요할 때 관리가 용이하다. 예를 들어 반복 구조를 사용하지 않은 상태에서 "처음 만나는 파이썬" 문자열을 5번 출력한다면 어떻게 작성해야 할까? 현재 반복 구조를 배우지 않았지만 지금까지 학습한 print( )를 이용하면 작성은 가능하다. 우선 실습을 통해 확인하여 보자.

실습 6-1 반복문 사용하지 않고 출력하기

```
print("처음 만나는 파이썬")
print("처음 만나는 파이썬")
print("처음 만나는 파이썬")
print("처음 만나는 파이썬")
print("처음 만나는 파이썬")
```

위 실습 코드를 확인해 보면 동일한 코드의 연속이다. 우리는 이때 "복사하기" 작업을 통하여 큰 어려움 없이 프로그램을 완성할 수 있다. 그런데 해당 작업이 5번이 아니라 100번, 1000번, 10000번 출력해야 한다면 코드 복사하기로 과연 프로그램 작업을 쉽게 마무리할 수 있을까? 결론은 쉽지가 않을 것이다. 이와 같이 동일한 특정 작업을 여러 번 연속적 반복 수행하는 작업에 필요한 것이 바로 반복 구조, 즉 반복문이다. 반복문에는 정해진 횟수만큼 반복하는 횟수 반복(for문)과 특정 조건에 따라 반복하는 조건 반복(while문) 등이 있다.

2

숫자를 세며 반복하는 for문

횟수 반복 for문은 횟수가 정해져 있는 반복에 주로 사용되는 반복 구조이다. 일반적으로 for문은 데이터 세트를 이용하여 반복할 횟수를 정의하는 반복 구조이며, 순서도와 파이썬 코드 형식은 아래와 같다.

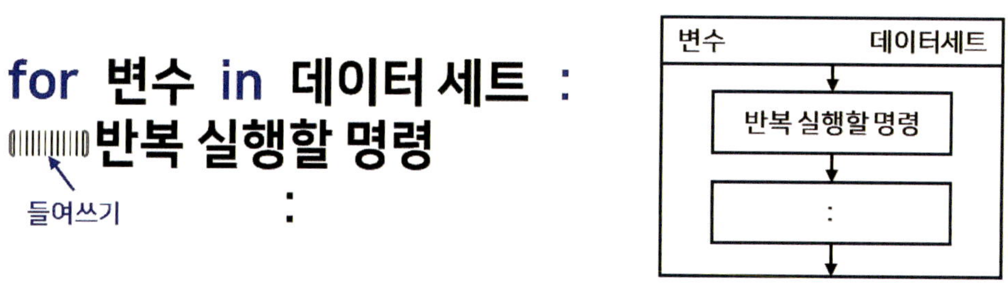

그림 6-1 데이터 세트를 활용한 for문 기본 형식과 순서도

위 형식에서 for문은 in 다음의 데이터 세트에서 데이터를 차례대로 하나씩 가져와 in 앞의 변수에 할당하고 반복 실행할 명령을 처리한다. 해당 과정이 1회 반복이 되며, 변수에 할당할 데이터가 없을 때까지 반복하게 된다. 즉, 데이터 세트의 항목 개수(n)만큼 반복되며, 항목의 개수가 반복 횟수가 된다. 참고로 항목은 데이터 세트의 데이터를 의미한다.

여기서 변수는 반복 카운터 역할을 하게 되고, 데이터 세트 다음에 콜론(:)을 꼭 작성해야 한다. for문 내의 반복 실행할 명령들은 반드시 들여쓰기를 하여 반복문에 포함된 문장으로 작성해야 한다. 반복 횟수를 결정하는 데이터 세트에는 문자열[string], 리스트[list], 튜플[tuple], 딕셔너리[dictionary] 등을 작성할 수 있다. 데이터 세트에 대한 내용은 이후 8단원 데이터 세트(컬렉션 데이터)에서 자세하게 살펴볼 것이며, 이번 단원에서는 for

문 실습을 위해 리스트와 튜플의 특징만 간략하게 살펴볼까 한다.

리스트는 대괄호([])를 이용하여 여러 개의 데이터를 저장하는 데이터 세트이다. 리스트 내의 데이터들은 항목item이라고 하며 콤마로 구분한다. 리스트도 문자열과 동일하게 순서가 있는 시퀀스 데이터로 각 항목은 인덱스를 가진다. 튜플은 소괄호(( ))를 이용하여 여러 개의 데이터를 저장하는 데이터 세트이며, 리스트와 동일하게 항목을 콤마로 구분하고 각 항목은 인덱스를 가지는 순서 데이터 세트이다.

앞서 실습한 "처음 만나는 파이썬" 문자열 5번 출력 프로그램을 데이터 세트를 활용한 for문으로 재작성한 코드는 다음과 같다.

실습 6-2 데이터 세트 활용 for문

```
01 print("(1) for - 문자열")
02 for data in "12345" :
03     print("처음 만나는 파이썬")
04
05 print("(2) for - 리스트")
06 for data in [1, 2, 3, 4, 5] :
07     print("처음 만나는 파이썬")
08
09 print("(3) for - 튜플")
10 for data in (1, 2, 3, 4, 5) :
11     print("처음 만나는 파이썬")
```

for문에서 반복 횟수는 데이터 세트의 개수로 결정되므로 위 실습과 같이 "처음 만나는 파이썬" 문자열을 5번 출력하기 위해서는 데이터 세트의 개수를 5개로 정의하면 된다. 해당 데이터 세트의 구성을 살펴보면, 02번 행에서는 5개 문자의 문자열 데이터 세트, 06번 행에서는 5개 항목을 가진 리스트 데이터 세트, 10번 행에서는 5개 항목의 튜플 데이터 세트로 구성하였다.

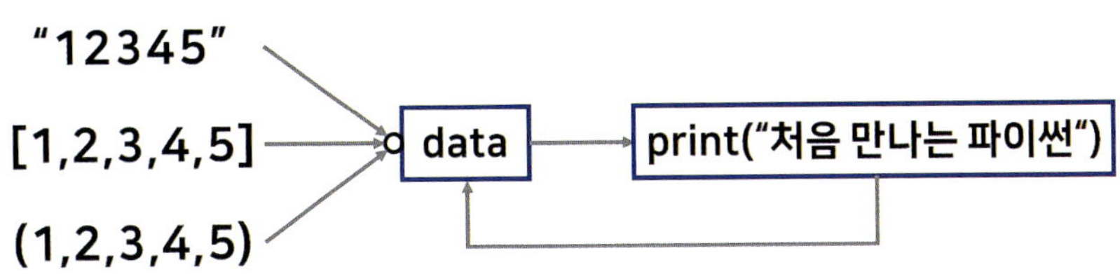

그림 6-2 데이터 세트 활용 반복 과정

for문의 데이터 세트를 구성하는 항목은 어떠한 값이든 상관없으며, 반복할 횟수만큼 항목의 개수로 구성하면 된다. 앞 실습에서는 횟수와 관련되어 있는 만큼 이해를 돕기 위해 데이터 세트의 항목 값을 숫자로 표현하였다. data 변수는 데이터 세트의 항목을 한 개씩 꺼내와 저장하고, print("처음 만나는 파이썬") 문장을 반복 처리한다. 해당 과정은 데이터 세트에서 꺼내올 항목 값이 없을 때까지 반복 출력 처리한다.

for문의 변수에 저장되는 값은 반복에만 활용되는 것이 아니라, for문의 내부에도 변수에 저장된 값을 활용할 수 있다. 이러한 결과를 확인하기 위하여 "python" 문자열을 저장하고 있는 data 변수를 for문의 데이터 세트에 적용하여 변수의 값을 출력하고 결과를 확인하여 본다.

실습 6-3 반복 변수 값 출력

```
01  data = "python"
02  for ch in data :
03      print(ch)
```

02번 행에서 for문의 ch 변수는 데이터 세트의 "python" 문자열을 하나씩 꺼내와 03번 행에서 ch값을 출력하면 "p", "y", "t", "h", "o", "n" 등과 같이 한 문자씩 출력된 것을 확인할 수 있다.

앞 실습을 for문의 반복 변수를 활용하여 아래 **결과**와 같이 왼쪽 행 번호가 있는 "처음 만나는 파이썬" 문자열 5번 출력하는 프로그램을 작성하여 보자.(단, for문의 데이터 세트는 문자열, 리스트, 튜플 등을 활용한다.)

결과

```
출력  1 : 처음 만나는 파이썬
      2 : 처음 만나는 파이썬
      3 : 처음 만나는 파이썬
      4 : 처음 만나는 파이썬
      5 : 처음 만나는 파이썬
```

실습 6-4 for문 블록 내부에서 변수 활용

```
01 print("(1) for - 문자열")
02 for data in "12345" :
03     print(f"{data} : 처음 만나는 파이썬")
04
05 print("(2) for - 리스트")
06 for data in [1, 2, 3, 4, 5] :
07     print(f"{data} : 처음 만나는 파이썬")
08
09 print("(3) for - 튜플")
10 for data in (1, 2, 3, 4, 5) :
11     print(f"{data} : 처음 만나는 파이썬")
```

02번 행의 문자열, 06번 행의 리스트, 10번 행의 튜플 등의 데이터 세트 항목을 data 변수가 하나씩 가져와 03번 행, 07번 행, 11번 행의 print( ) 문에서 data 변수의 값을 출력한다.

지금까지 데이터 세트를 활용한 횟수 반복 for문을 살펴보았고, 이때 데이터 세트의 크기가 곧 반복 횟수를 결정하였다. 앞 실습까지 반복 횟수가 5번이고, 5번 반복을 위한 데이터 세트 구성은 그다지 힘들지 않았다. 그런데 반복 횟수를 증가시켜 100번, 1000번, 10000번 또는 그 이상 반복해야 한다면 데이터 세트를 어떻게 구성해야 할까? 과연 10000번 반복하기 위해 데이터 세트의 항목을 10000개 정의할 수 있을까? 10000개를 작성하기는 쉽지 않을 것이다. 이와 같이 반복 횟수가 많아지는 경우 데이터 세트를 어떻게 구성하면 좋을까?

반복을 위한 데이터 세트 항목의 개수가 많은 경우 해당 문제를 쉽게 해결해 주는 방법으로 range( ) 함수를 사용하고, 형식은 다음과 같다.

range([start], [stop], [step])

시작값 종료값 증가값

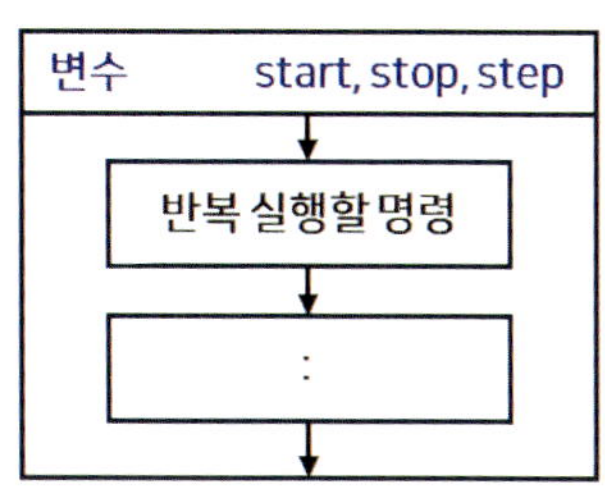

그림 6-3 range( ) 함수 기본 형식과 순서도

range( )는 start부터 stop-1까지 step 간격의 숫자 데이터를 생성하는 함수이다. start 또는 step 값이 생략되면 start는 0, step은 1이 된다. 참고로 range( ) 함수를 사용하여 생성한 숫자는 리스트와 유사하지만, 실제 리스트를 생성하는 것은 아니다. 생성한 숫자는 리스트 또는 튜플로 변환하여 활용할 수 있지만, 일반적으로 list( ) 함수를 이용하여 리스트로 변환하여 사용하는 편이다.

실습 6-5 range() 함수와 숫자 데이터 세트

```
print(list(range(0, 5, 1)))
print(list(range(0, 5))) #step 생략
print(list(range(5))) #start, step 생략

print(list(range(1, 11))) #1~10
print(list(range(1, 11, 2))) #짝수
print(list(range(0, 11, 3))) #3의 배수

print(list(range(10, 0, -1))) #10~1
```

결과

출력
```
[0, 1, 2, 3, 4]
[0, 1, 2, 3, 4]
[0, 1, 2, 3, 4]
[1, 2, 3, 4, 5, 6, 7, 8, 9, 10]
[1, 3, 5, 7, 9]
[0, 3, 6, 9]
[10, 9, 8, 7, 6, 5, 4, 3, 2, 1]
```

앞서 실습한 "처음 만나는 파이썬" 문자열 5번 출력 프로그램을 range( ) 함수를 활용한 for문으로 재작성한 코드는 다음과 같다.

실습 6-6 range( ) 함수 활용 for문

```
01 print("(1) for - range(5)")
02 for data in range(5) :
03     print("처음 만나는 파이썬")
04
05 print("(2) for - range(1, 6)")
06 for data in range(1, 6) :
07     print("처음 만나는 파이썬")
08
09 print("(3) for - range(1, 6, 1)")
10 for data in range(1, 6, 1) :
11     print("처음 만나는 파이썬")
12
13 print("(4) for _ in range(1, 6, 1)")
14 for _ in range(5) :
15     print("처음 만나는 파이썬")
```

횟수 반복은 주로 range(반복 횟수) 형식을 사용한다. 반복 횟수가 5번일 경우 02번 행과 같이 range(5) 형식으로 작성하면 된다. range(5)는 0에서 4까지의 숫자 데이터를 생성하고 해당 생성 숫자 개수만큼 5번 반복한다. 06번 행의 range( ) 함수에서 증가값(step)을 생략하면 1이 된다. 10번 행은 range( )의 시작값, 종료값, 증가값을 지정하여 1에서 5까지의 값을 생성하여 반복 실행한다. 14번 행과 같이 반복 횟수만 필요할 경우에는 변수 대신에 "_(underline)"을 사용하여 작성할 수도 있다.

range( ) 함수에서 생성하는 숫자 데이터는 for문 내부에서 활용 가능하다. 앞서 실습한 줄 번호가 있는 "처음 만나는 파이썬" 문자열 출력 프로그램을 range( ) 함수를 활용하여 재작성한 코드는 다음과 같다.

실습 6-7 for문 내부에서 range( ) 함수 생성값 활용

```
01  print("(1) for - range(5)")
02  for num in range(5) :
03      print(f"{num+1} : 처음 만나는 파이썬")
04
05  print("(2) for - range(1, 6)")
06  for num in range(1, 6) :
07      print(f"{num} : 처음 만나는 파이썬")
08
09  print("(3) for - range(1, 6, 1)")
10  for num in range(1, 6, 1) :
11      print(f"{num} : 처음 만나는 파이썬")
```

03번 행의 num 변수에 1을 왜 더하여 출력했는지 궁금할 것이다. 출력 행 번호는 1부터 시작을 하는데, 02번 행의 range(5)는 0부터 숫자를 생성한다. 따라서 숫자 0부터 가져오는 num 변수에 1을 더하여 출력한 것이다. 05번 행부터 마지막 행까지의 실습과 같이 range( ) 함수가 생성하는 숫자를 for문 블록 내에서 다양하게 활용 가능하다는 것을 알 수 있다.

이번에는 범위 숫자를 생성하는 range( ) 함수의 특징을 활용하여 한 단계 더 나아가 1에서 10까지 숫자들을 차례대로 출력하는 프로그램을 작성해 본다.

실습 6-8 1에서 10까지 출력

```
for num in range(1, 11) :
    print(num, end = "  ")
```

1에서 10까지 숫자 중에서 짝수만 출력하는 프로그램을 작성해 보자. 해당 범위의 숫자 중에서 짝수 값은 2, 4, 6, 8, 10이 되므로, range( ) 함수의 start는 2가 되고 stop은 10+1, step은 2가 된다.

실습 6-9 1에서 10까지 숫자 중에서 짝수 출력

```
for num in range(2, 11, 2) :
    print(num, end = "  ")
```

만약 위 실습 6-9 에서 range( ) 함수의 start가 1부터 시작해야 한다면, range(1, 11, 2)로 작성되어 결과는 짝수가 아니라 홀수가 된다. 이런 경우에 어떻게 하면 짝수를 만들 수 있을까? 이때 해결할 수 있는 방법은 앞 단원에서 학습한 조건문의 짝홀수 판별법을 활용하는 것이다.

실습 6-10 1에서 10까지 숫자 중에서 짝수 출력

```
for num in range(1, 11) :
    if num%2 == 0 :
        print(num, end = "  ")
```

3

정해진 횟수 작업은 for문으로 해결

지금까지 횟수 반복 for문의 기본 형식을 학습하였고, 횟수를 반복하기 위한 데이터 세트의 항목 구성과 range( ) 함수의 활용 등을 살펴보았다. 또한 상황에 따라 데이터 세트 또는 range( ) 함수의 생성 값을 for문의 내부에 사용하여 활용하는 방법까지 실습을 통하여 확인하였다. 이번 학습 내용부터는 어떤 문제에서 for문을 활용하여 효과적으로 문제를 해결하는지 살펴보고자 한다.

예제로 먼저 1에서 10까지 합계를 구하여 출력하는 프로그램을 작성하여 보자. 1부터 10까지 합계 구하기라면 이미 55라는 결과를 알고 있지만, 작은 범위의 간단한 프로그램 작성을 통해 반복의 규칙을 찾고 그에 따른 for문의 접근 활용법을 쉽게 이해하기 위함이다. 우선 for문을 사용하지 않더라도 1에서 10까지의 숫자만 더하면 결과를 구할 수 있기 때문에 아래 프로그램과 같이 덧셈만 이용하여 충분히 합계를 구하여 출력할 수 있다.

실습 6-11 덧셈 연산식 활용 1에서 10까지 합계 구하기

```
hap = 0

hap = 1 + 2 + 3 + 4 + 5 + 6 + 7 + 8 + 9 + 10

print(f"1에서 10까지 합계 : {hap}")
```

아마도 결과 55는 확인되었을 것이다. 그런데 1에서 10까지 합계 구하기가 아니라, 1에서 10000까지 합계 구하기라면, 03번 행의 덧셈 연산식은 아마도 "hap = 1 + 2 + … + 9999 + 10000"과 같이 작성해야 하는 어려움이 있을 것이다. 따라서 1에서 10까지의 합계 구하는 규칙을 찾는다면, 숫자 변화가 유사한 1에서 10000까지 합계 구하는 프로그램도 쉽게 작성할 수 있을 것이다. 그럼 해당 덧셈 연산식에는 어떤 규칙이 숨어 있는지 살펴보자.

03번 행의 계산식을 자세히 살펴보면 1부터 10까지 1씩 증가하는 숫자이고, 동일한 덧셈 연산으로 합계 구하는 것을 알 수 있다. 이와 같이 숫자의 변화가 규칙적이고, 동일한 연산이 연속적이라면 이를 반복 패턴으로 볼 수 있다. 앞에서 소개한 것과 같이 반복 패턴은 반복문을 이용하여 쉽게 해결할 수 있다. 어떤 규칙과 반복 패턴이 있는지를 단계별로 살펴보도록 한다.

위 **실습 6-11** 03번 행의 hap = 1 + 2 + 3 + 4 + 5 + 6 + 7 + 8 + 9 + 10 덧셈 연산식은 누적 연산식으로 변경하는 작업을 "4단원. 연산자"에서 소개하였다. 덧셈 연산식은 더하는 값이 많으면 많아질수록 연산식이 길어지고 관리의 효율성이 저하되는 문제가 있기 때문에 작업의 효율성을 위하여 누적 연산식으로 변경 작업하면 다음과 같다.

실습 6-12 누적 연산식 활용 1에서 10까지 합계 구하기

```
hap = 0

hap = hap + 1
hap = hap + 2
hap = hap + 3
hap = hap + 4
hap = hap + 5
hap = hap + 6
hap = hap + 7
hap = hap + 8
hap = hap + 9
hap = hap + 10

print(f"1에서 10까지 합계 : {hap}")
```

03번 행에서 숫자 1을 기존 hap의 0과 더한 결과 1을 hap에 대입한다(hap = 1). 04번 행에서 숫자 2를 기존 hap의 1과 더한 결과 3을 다시 hap에 대입한다(hap = 3). 이러한 과정을 12번 행까지 반복하면 1에서 10까지 누적 합계 55를 hap에 대입하게 된다.

이해를 돕기 위하여 위의 합계 연산 과정을 도식화하면 다음과 같다.

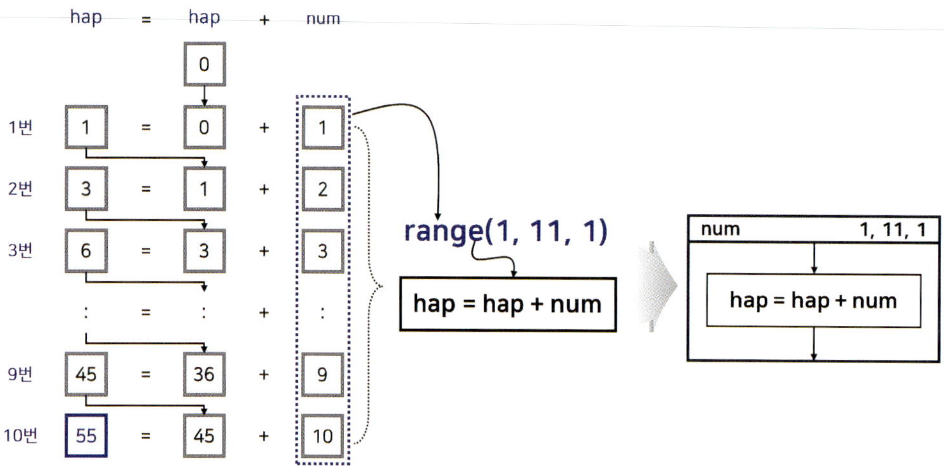

그림 6-4 1에서 10까지 합계 연산 과정

연산 과정을 살펴보면 "hap = hap + num" 합계 구하는 누적식이 10번 반복된 것을 알 수 있으며, 10번 반복에 1에서 10까지 num(숫자) 변화를 알 수 있다. 1에서 10까지의 숫자는 range(1, 11)을 작성하여 반복 및 계산에 활용할 수 있다. 위 내용들을 모두 정리하여 실습 6-12의 03번 행에서 12번 행까지의 누적 연산식을 for문을 활용하여 재작성한 코드는 다음과 같다.

실습 6-13 for문 활용 1에서 10까지 합계 구하기

```
hap = 0

for num in range(1, 11) :
    hap = hap + num

print(f"1에서 10까지 합계 : {hap}")
```

1에서 10까지 합계 구하는 프로그램을 살펴보았다. 앞에서 고민했던 1에서 10000까지 합계는 어떻게 구하면 좋을까? 아래와 같이 10 대신 10000으로 숫자만 수정하면 쉽게 해결할 수 있다.

실습 6-14 1에서 10000까지 합계 구하기

```
hap = 0

for num in range(1, 10001) :
    hap = hap + num

print(f"1에서 10까지 합계 : {hap}")
```

한 단계 더 응용하여 1에서 100까지 짝수 합계를 구하여 출력하는 프로그램을 작성해 보자. 앞서 학습한 짝홀수 판별법 및 합계 구하기 등을 참고하길 바란다.

실습 6-15 1에서 100까지 짝수 합계 구하기

```
hap = 0

for num in range(1, 101) :
    if num%2 == 0 :          # if num%2 == 1 :
        hap = hap + num

print(f"1에서 100까지 짝수 합계 : {hap}")
```

for문에서 range( ) 함수의 start, stop, step 값을 자유롭게 입력하여 다양한 결과를 구할 수 있다. 아래 **결과** 와 같이 사용자가 시작값(start), 끝값(stop)을 입력하여 해당 범위 사이의 짝수 합계를 구하여 출력하는 프로그램을 작성해 보자. 단, 증가값(step)은 1씩 증가하는 것으로 한다.

결과

입력 시작값 : 15

끝값 : 145

출력 15에서 145까지 짝수 합계 : 5200

실습 6-16 시작값과 끝값 사이의 짝수 합계

```
start = int(input("시작값 : "))
stop = int(input("끝값 : "))

hap = 0

for num in range(start, stop+1) :
    if num%2 == 0 :
        hap = hap + num

print(f"{start}에서 {stop}까지 짝수 합계 : {hap}")
```

반복문에서 한 번씩은 작성해 보는 구구단 프로그램을 살펴본다. 아래 결과 와 같이 원하는 단수를 입력하여 구구단 결과를 출력하는 프로그램을 그림 6-5 의 구구단 계산 과정과 순서도를 참고하여 작성해 보자.

결과

입력 단수 입력 : 2

출력 2 * 1 = 2

2 * 2 = 4

2 * 3 = 6

2 * 4 = 8

2 * 5 = 10

2 * 6 = 12

2 * 7 = 14

2 * 8 = 16

2 * 9 = 18

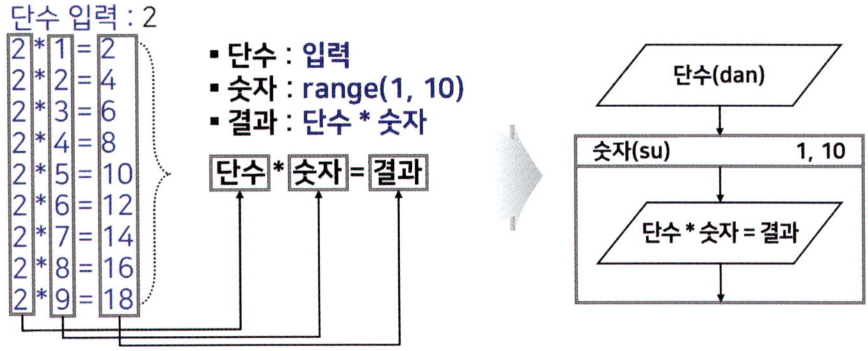

그림 6-5 구구단 계산 과정과 순서도

실습 6-17 구구단 프로그램

```
dan = int(input("단수 입력 : "))

for su in range(1, 10) :
    print(f"{dan} * {su} = {dan*su}")
```

4

조건이 맞으면 반복하는 while문

조건 반복인 while문은 반복 횟수가 정해진 경우 또는 정해지지 않은 경우 모두 사용이 가능하다. 하지만 전자보다는 후자의 경우를 많이 사용하며 어떤 상황의 조건이 참인 동안 계속 반복 실행하는 반복 구조이다.

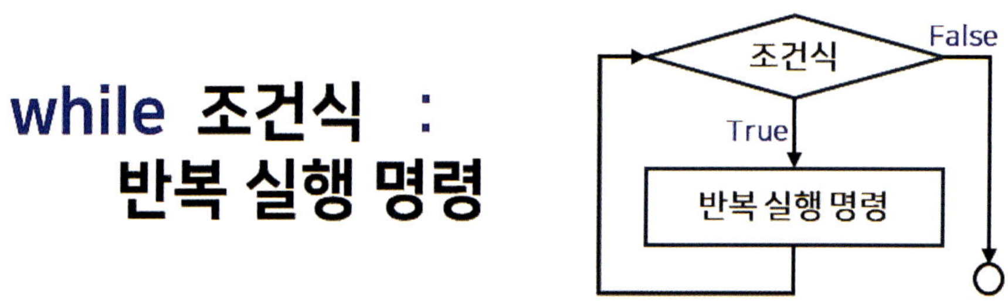

그림 6-6 while문 기본 형식과 순서도

while문도 for문과 유사한 부분이 많기 때문에 두 반복문을 서로 비교하며 학습하면 좀 더 효과적으로 이해할 수 있다. for문과 while문의 기본 형식을 비교해 보면 다음과 같다.

while문 기본 형식	for문 기본 형식

초기식
while 조건식 :
    반복 실행 명령
    증감식(간격)
	for 변수 in range(start, stop, step) :
	    반복 실행 명령

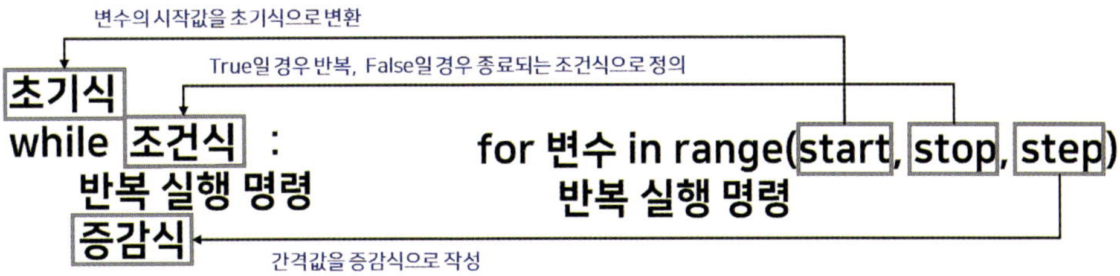

그림 6-7 while문과 for문의 기본 형식 대응관계

앞서 실습한 "처음 만나는 파이썬" 문자열 5번 출력 프로그램을 for문과 while문으로 작성한 비교 코드는 다음과 같다.

실습 6-18 for문과 while문 비교

```
print("(1) for문")
for num in range(1, 6) :
    print(f"{num} : 처음 만나는 파이썬")

print("(2) while문")
num = 1
while num < 6 :
    print(f"{num} : 처음 만나는 파이썬")
    num = num + 1
```

다음으로 1에서 10까지 출력하는 프로그램을 for문과 while문을 이용하여 다음과 같이 작성할 수 있다.

실습 6-19 **1에서 10까지 출력**

```
01 print("(1) for문")
02 for num in range(1, 11) :
03     print(num, end = "  ")
04 print( ) #3번 행의 end 처리를 초기화시킴
05 
06 print("(2) while문")
07 num = 1
08 while num < 11 :
09     print(num, end = "  ")
10     num = num + 1
```

04번 행의 print( )는 print(end="\n")과 동일하다.

for문에서 상세하게 살펴본 1에서 10까지의 합계 구하기 프로그램을 for문과 while문을 이용하여 다음과 같이 작성할 수 있다.

실습 6-20 **1에서 10까지 합계 출력**

```
print("(1) for문")
hap = 0
for num in range(1, 11) :
    hap = hap + num
print(f"1에서 10까지 합계 : {hap}")

print("(2) while문")
hap, num = 0, 1
while num < 11 :
    hap = hap + num
    num = num + 1
print(f"1에서 10까지 합계 : {hap}")
```

while문에서는 종료를 결정짓는 조건식이 항상 참인 경우에 반복을 종료하지 못하는 경우 무한 반복이라 한다. 무한 반복을 적용하기 위해서는 while True : 또는 참인 조건식을 작성하면 된다.
첫 번째 실습은 while True인 경우의 무한 반복을 확인해 보자.

실습 6-21 while True : 무한 반복

```
01    while True :
02        print("처음 만나는 파이썬")
```

01번 행의 while 조건이 항상 참이기 때문에 02번 행의 "처음 만나는 파이썬" 문자열을 계속하여 출력하게 된다. 참고로 무한 반복은 실행이 종료가 되지 않기 때문에 사용자가 직접 Ctrl + C 단축키를 이용하여 강제 종료한다.

두 번째 실습은 while 조건식이 항상 참인 경우의 무한 반복 확인을 위해 앞서 실습한 1에서 10까지 출력하는 프로그램으로 살펴보자.

실습 6-22 조건식이 참인 결과에 따른 무한 반복

```
01    num = 1
02    while num < 11 :
03        print(num, end = "  ")
```

위 코드 01번 행에서 num 변수 초기값을 1에서 시작했다. while문은 num 변수값이 11 이상이면 종료가 되고, 그렇지 않으면 03번 행의 print( ) 문을 반복 실행하게 된다. 그런데 while문 내부에 num 변수의 증감식 코드(num = +1)가 작성되어 있지 않아 num 변수의 값은 항상 1이 된다. 따라서 02번 행에서 num 변수의 값과 11을 비교하면 조건식 결과는 항상 참이 되므로 결국 무한 반복 실행된다.

5

계속 반복할까? break문과 continue문

반복문을 실행하다 보면 상황에 따라 종료하거나 다른 내용의 반복이 필요할 때가 있다. 이때 사용하는 명령으로 break와 continue가 있다. 반복 실행 중에 break문을 만나면 반복문을 바로 종료하게 되고, continue를 만나면 처리할 명령이 있더라도 실행하지 않고 반복문 처음으로 이동하여 다시 실행하게 된다.

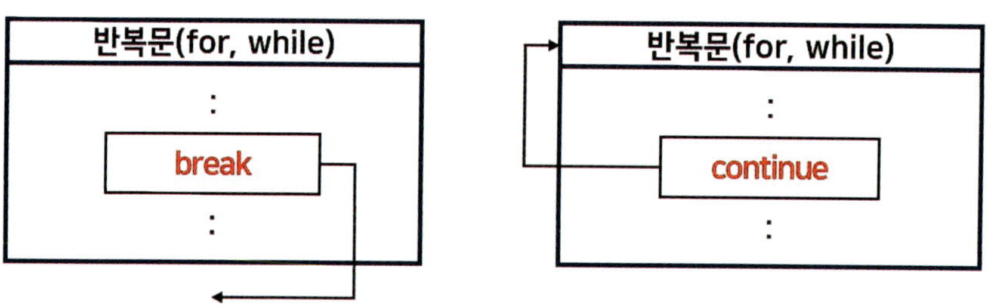

그림 6-8 break문과 continue문의 이동

아래 실습 코드를 참고하여 break문과 continue문을 비교해 보자.

실습 6-23 break 실습

```
for num in range(1, 11) :
   if num == 5 :
      break
   print(num)
print("프로그램 종료")
```

결과

출력
1
2
3
4
프로그램 종료

01번 행에서 num 변수는 1에서 10까지 반복하는 것으로 되어 있다. 하지만, 02번 행에서 num 변수의 값이 5가 되면 03번 행의 break문을 만나 반복문을 종료하고, 이후 05번 행으로 이동하여 "프로그램 종료"를 출력하게 된다. 만약 02번 행에서 num 변수의 값이 5가 아니면 04번 행에서 해당 숫자 값을 반복 출력하게 된다. 출력된 결과를 확인해 보면 1에서 4까지 출력되고 5가 되면 종료되어 05번 행으로 이동한다.

실습 6-24 continue 실습

```
01 for num in range(1, 11):
02     if num == 5:
03         continue
04     print(num)
05 print("프로그램 종료")
```

결과

출력
1
2
3
4
6
7
8
9
10
프로그램 종료

01번 행에서 num 변수는 1에서 10까지 반복하는 것으로 되어 있다. 하지만, 02번 행에서 num 변수의 값이 5가 되면 03번 행의 continue문을 만나 01번 행으로 다시 이동하여 반복문을 실행하게 되며, 만약 num 변수의 값이 5가 아니면 04번 행에서 해당 숫자 값을 반복 출력하게 된다. 출력된 결과를 확인해 보면 5를 제외한 모든 숫자가 출력된 것을 확인할 수 있다.

6

같은 작업을 계속 반복하는 문제 해결

컴퓨터가 생각한 숫자 맞히기 게임

컴퓨터가 1에서 50까지 숫자 중에서 생각한 한 개 숫자를 사람이 맞히는 게임(업다운 게임)이다. 아래 실행 결과와 같이 최종 숫자 맞히기 시도 횟수까지 출력하도록 프로그램을 작성하여 보자. 단, 해당 문제를 해결하기 위해서는 아래 random 라이브러리를 참고한다.

결과

```
입력 맞힐 숫자(1~50) : 25
출력 25보다 높은 숫자입니다.

입력 맞힐 숫자(1~50) : 37
출력 37보다 낮은 숫자입니다.

입력 맞힐 숫자(1~50) : 34
출력 정답입니다.
     시도 횟수 : 3회

     프로그램 종료
```

참고 random 라이브러리

random은 임의의 숫자를 생성하는 함수들을 제공하는 라이브러리*입니다. 랜덤한 값을 생성하기 위해서는 먼저 아래와 같이 라이브러리 가져오기를 해야 합니다.

* 라이브러리(library) : 프로그램 개발을 위해 필요한 기능을 모아놓은 소프트웨어입니다.

```
import random
```

숫자 범위 사이에서 무작위로 하나의 정수를 추출하는 함수는 randint( )입니다. 예를 들어 1에서 50까지의 숫자 사이에서 하나의 값을 추출하기 위한 방법은 다음과 같습니다.

```
random.randint(1, 50)
```

참고로 randint( ) 함수는 중복 추출이 가능한 복원 추출 함수입니다. 반대로 중복 추출이 불가능한 비복원 추출이면서 여러 개를 한 번에 추출할 수 있는 sample( ) 함수가 있습니다. 예를 들어 모집단 [1, 2, 3, 4, 5] 리스트에서 숫자 3개만을 추출하기 위한 방법은 다음과 같습니다.

```
data = [1, 2, 3, 4, 5]
random.sample(data, 3)
```

데이터 종류와는 관계없이 여러 데이터 중에서 중복을 허용하면서 하나의 데이터를 추출할 수 있는 choice( ) 함수가 있습니다. 예를 들어 ["딸기", "배", "사과", "바나나"] 과일 데이터에서 하나를 추출하는 방법은 다음과 같습니다.

```
data = ["딸기", "배", "사과", "바나나"]
random.choice(data)
```

실습 6-25 컴퓨터 생각 숫자 맞히기 게임

```
01 import random
02 
03 #컴퓨터 숫자 생성
04 com_num = random.randint(1, 50)
05 
06 #숫자 맞히기
07 no = 1    #no : 시도 횟수
08 while True :
09     user_num = int(input("맞힐 숫자(1~50) : "))
10 
11     if com_num > user_num :
12         print(f"{user_num}보다 높은 숫자입니다.\n")
13     elif com_num < user_num :
14         print(f"{user_num}보다 낮은 숫자입니다.\n")
15     else :
16         print("정답입니다.")
17         print(f"시도 횟수 : {no}회\n")
18         break
19 
20     no = no + 1
21 
22 print("프로그램 종료")
```

04번 행에서 컴퓨터가 1에서 50 사이 숫자 중에서 한 개를 고른다. 07번 행의 no 변수는 맞히는 시도 횟수 변수이며, 시도할 때마다 20번 행에서 1씩 증가한다. 08번 행은 무한 반복으로 작성되어 있으나, 정답을 맞힐 경우 15번~27번 행을 거쳐서 18번 행의 break 명령을 만나면 22번 행으로 이동하여 해당 프로그램은 종료하게 된다. 그 외 나머지 정답이 아닐 경우에는 11번 행에서 14번 행까지 반복 실행하게 된다.

영문자 자음 출력 프로그램

사용자가 입력한 영문자 소문자 중에서 모음인 "aeiou"를 제외한 자음만을 출력하는 프로그램을 작성하여 본다.

결과

입력 영문자 입력 : programming

출력 원본문자열 : programming

결과문자열 : prgrmmng

실습 6-26 영문자 자음 출력 프로그램

```
data = input("영문자 입력 : ")

result = ""
for ch in data :
    if ch in "aeiou" :
        continue
    result += ch

print(f"원본문자열 : {data}")
print(f"결과문자열 : {result}")
```

학 습 문 제

1. 다음 코드 는 0~5까지 출력하는 프로그램이다. 프로그램에서 생략 가능한 코드로 알맞은 것을 고르시오.

코드

```
for data in range(5, 11, 1) :
    print(data)
```

① in　　② print(data)　　③ 1　　④ range( )

2. 다음 중 무한반복을 하는 코드로 알맞은 것을 고르시오.

① for True :　　② for False :　　③ while True :　　④ while False :

3. 다음 코드 에서 print( ) 문이 몇 번 반복되는지 알맞은 것을 고르시오.

코드

```
x = 2
while x < 10 :
    print("기말시험")
    x = x + 2
```

① 3　　② 4　　③ 2　　④ 5

학 습 문 제

4. 다음 코드 는 어떤 실행 결과를 구하려고 하는지 알맞은 것을 고르시오.

코드

```
sum = 0
for x in range(1, 11) :
  if x%2==0 :
    continue
  sum = sum + x
print(sum)
```

① 1부터 10까지의 합
② 1부터 10까지의 짝수 합
③ 1부터 10까지의 홀수 합
④ 1부터 11까지의 합

5. 아래 코드 는 for문을 이용하여 문자열 "파이썬"을 5번 출력하는 프로그램이다. 빈 줄에 들어갈 코드를 작성하시오.

코드

```
___①___ data ___②___ range(1, ___③___, ___④___) :
    print("파이썬")
```

6. 아래 코드 실행 후 결과 를 출력하였다. 빈 줄에 들어갈 코드를 작성하시오.

코드

```
for data in "exam" :
    if data == "a" :
        ____________
    print(data)
```

결과

출력 exm

학 습 문 제

7. 두 수를 입력 받아서 두 수 사이 합계를 구하여 아래 실행 **결과** 와 같이 출력하는 프로그램을 작성하시오.

결과

입력 첫 번째 숫자 : 5

두 번째 숫자 : 12

출력 5에서 12까지의 합계는 68입니다.

CHAPTER

07 문자열의 효율적 처리

1

문자열 연산과 접근하기

앞서 데이터 단원에서 사람과의 의사소통, 컴퓨터와의 의사소통을 가능하도록 활용하는 도구가 언어이자, 언어를 구성 요소들이 문자열 데이터라는 것을 자료형을 통해 소개하였다. 문자열을 사용하여 정보를 표현하고 저장하기 때문에 파이썬 프로그래밍에서 문자열 처리는 중요한 작업 중 하나이다. 문자열은 여러 개의 문자가 연속적으로 서로 연결되어 구성된 문자들의 집합이며, 문자들의 집합을 큰따옴표(") 또는 작은따옴표(')로 묶어서 표현한 순서가 있는 순서 기반 데이터이다. 문자열은 다음 단원에서 학습할 데이터 세트의 리스트와 유사한 특징을 가지고 있다. 따라서 문자열에서 활용하고 있는 기본적인 기능을 이해하면 리스트에서도 동일하게 활용 가능하기 때문에 학습하는 데 도움이 될 것이다.

문자열 연결과 반복

문자열 데이터는 산술 연산을 할 수 없으며, 숫자를 가지는 문자열 또한 숫자로 보이지만 연산을 할 수 없다. 다만, 덧셈(+)과 곱셈(*) 연산은 예외이며, 해당 연산을 이용하여 문자열 데이터는 연결 또는 반복 작업을 할 수 있다.

실습 7-1 문자열 사칙연산 오류

```
>>> print("20" / "5")
    Traceback (most recent call last):
      File "<pyshell#3>", line 1, in <module>
        print("20" / "5")
    TypeError: unsupported operand type(s) for /: 'str' and 'str'
```

덧셈 연산은 두 개의 문자열을 합쳐서 한 개의 문자열을 만드는 연결(결합) 연산이다. 반드시 문자열과 문자열을 더하여 연결할 수 있다.

실습 7-2 문자열 연결하기

```
>>> print("카페 아메리카노" + "(5000원)")
    카페 아메리카노(5000원)
```

만약에 문자열과 숫자를 더하면 어떻게 될까? 숫자는 문자열이 아니기 때문에 덧셈 연산을 할 수 없어, 결과는 오류가 발생하게 된다.

실습 7-3 문자열과 숫자 연결하기

```
>>> print("카페 아메리카노(" + 5000 + "원)")
    Traceback (most recent call last):
      File "<pyshell#1>", line 1, in <module>
        print("카페 아메리카노(" + 5000 + "원)")
    TypeError: can only concatenate str (not "int") to str
```

그럼 숫자는 문자열과 전혀 연결을 하지 못할까? 안 되는 것은 아니다. 위 오류가 있는 숫자 5000을 문자열로 변환하여 해결하는 방법이 있다. 바로 str( ) 변환함수를 이용하여 숫자 5000을 문자열로 변환하여 덧셈 연산으로 연결하는 것이다.

실습 7-4 str( ) 함수로 문자열 만들어 연결하기

```
>>> print("카페 아메리카노(" + str(5000) + "원)")
    카페 아메리카노(5000원)
```

참고 str( ) 함수

str( )은 숫자(정수, 실수), 불 데이터를 문자열로 변환시켜 주는 문자열 변환함수이다.

실습 7-5 숫자 → 문자열

```
>>> print(str(100), type(str(100)))
    100 <class 'str'>
>>> print(str(3.14), type(str(3.14)))
    3.14 <class 'str'>
```

실습 7-6 불 → 문자열

```
>>> print(str(True), type(str(True)))
    True <class 'str'>
```

곱셈 연산은 문자열과 숫자를 곱하여 숫자만큼 문자열을 반복하는 연산이다. 반드시 문자열과 숫자를 곱해야 반복할 수 있다.

실습 7-7 문자열 반복

```
>>> print("파이썬" * 3)
    파이썬파이썬파이썬
>>> print("*" * 5)
    *****
>>> print("달콤한 " + "라테"*2)
    달콤한 라테라테
```

인덱싱과 슬라이싱

문자열은 순서 기반 데이터이기 때문에 문자열의 각 문자 위치에 해당하는 인덱스가 있으며, 인덱스를 이용하여 인덱싱과 슬라이싱 작업을 할 수 있다. 예를 들어 "cafe python" 문자열의 인덱스를 확인해 보고, 인덱싱과 슬라이싱을 살펴보자

string	c	a	f	e		p	y	t	h	o	n
index	0	1	2	3	4	5	6	7	8	9	10
	-11	-10	-9	-8	-7	-6	-5	-4	-3	-2	-1

인덱싱 방법은 "문자열[인덱스]"로 표현하며, 지정한 인덱스의 문자를 추출한다.

실습 7-8 문자열 인덱싱

```
>>> data = "cafe python"
>>> print(data[0])
    c
>>> print(data[5])
    p
>>> print(data[-3])
    h
```

만약, 인덱싱 시에 지정한 인덱스가 없는 경우에는 오류가 발생한다.

실습 7-9 인덱싱 오류

```
>>> data = "cafe python"
>>> print(data[12])
    Traceback (most recent call last):
      File "<pyshell#0>", line 1, in <module>
        print(data[12])
    IndexError: string index out of range
```

슬라이싱 방법은 "문자열[시작인덱스:끝인덱스:간격]"으로 표현하며, 시작인덱스에서 끝인덱스-1까지 지정한 범위의 문자열을 추출한다. 참고로 시작인덱스를 생략하면 인덱스 0번, 끝인덱스를 생략하면 마지막 인덱스, 간격을 생략하면 +1이 된다.

실습 7-10 기본 형식 슬라이싱

```
>>> data = "cafe python"
>>> print(data[0:4:1])
    cafe
>>> print(data[2:6])
    fe p
```

실습 7-11 인덱스 생략 슬라이싱

```
>>> data = "cafe python"
>>> print(data[:5])
    cafe
>>> print(data[7:])
    thon
>>> print(data[:])
    cafe python
```

슬라이싱 간격을 1이 아닌 값을 지정하여 일정한 간격만큼 건너뛰며 문자를 추출할 수 있다. 이때 간격 값으로 음수 지정도 가능하다.

실습 7-12 양수값 간격 슬라이싱

```
>>> data = "cafe python"
>>> print(data[2:10:2])
    f yh
>>> print(data[:10:3])
    ceyo
>>> print(data[2::2])
    f yhn
```

실습 7-13 음수 간격 슬라이싱

```
>>> data = "cafe python"
>>> print(data[-10:-3:2])
aept
>>> print(data[-3:-10:-2])
hy f
>>> print(data[::-1])
nohtyp efac
```

2

문자열 유용한 처리 함수

총문자 수 세기 : len( ) 함수

len( )은 지정한 문자열의 길이(크기)를 구할 때 사용하는 내장함수이며, 사용 형식은 다음과 같다.

len(문자열)

문자열에 있는 공백 문자, 특수 문자도 크기에 포함되며, 이스케이프 문자는 역슬래시(\)와 함께 두 개 문자로 표현되지만 크기는 한 문자로 인식하기 때문에 주의해야 한다.

실습 7-14 len( ) 함수

```
>>> data = "cafe python coffee"
>>> print(len(data))
    18
>>> print(len("cafe\npython")) #이스케이프 문자 \n 포함
    11
```

참고로 다음 단원의 데이터 세트(리스트, 튜플, 딕셔너리 등)에도 len( ) 함수를 적용할 수 있으며 항목의 총 개수를 반환한다.

문자 개수 세기 : count( ) 함수

count( )는 지정한 찾을 문자열을 모두 찾아서 몇 개가 있는지 개수를 반환하는 내장함수이며, 사용 형식은 다음과 같다. 단, 대소문자는 서로 구분된다.

```
문자열.count(찾을 문자열)
```

실습 7-15 count( ) 함수

```
>>> data = "cafe python coffee"
>>> print(data.count("f"))
    3
>>> print(data.count("fe"))
    2
>>> print(data.count("Py"))
    0
```

영문자 대소문자 변환하기 : upper( )와 lower( ) 함수

upper( )는 영문자 소문자를 모두 대문자로, lower( )는 영문자 대문자를 모두 소문자로 변환할 때 사용하는 내장함수이며, 사용 형식은 아래와 같다.

```
문자열.upper( ) | 문자열.lower( )
```

실습 7-16 upper( ), lower( ) 함수

```
>>> data = "cafe PYTHON coffee"
>>> print(data.upper( ))
    CAFE PYTHON COFFEE
>>> print(data.lower( ))
    cafe python coffee
```

영문자 대소문자 확인하기 : isupper( )와 islower( ) 함수

isupper( )는 문자열이 모두 대문자인지 확인하여 True 또는 False를 반환하고, islower( )는 문자열이 모두 소문자인지 확인하여 True 또는 False를 반환하는 내장함수이며, 사용 형식은 다음과 같다.

문자열.isupper( ) | 문자열.islower( )

실습 7-17 isupper( ), islower( ) 함수

```
>>> data = "cafe python coffee"
>>> print(data.isupper( ))
False
>>> print(data.islower( ))
True
```

앞뒤 불필요한 것 제거하기 : strip( ) 함수

문자열의 시작과 끝에 공백이나 지정된 문자를 제거할 때 사용하는 내장함수이며, 사용 형식은 다음과 같다.

문자열.strip( ) | 문자열.strip(제거 문자열)

실습 7-18 strip( ) 함수

```
>>> data = "  cafe python  " #공백 삭제
>>> print(data.strip( ))
cafe python
>>> print(data.rstrip( ))
  cafe python

>>> data = "--cafe python--"  #'-' 문자 삭제
>>> print(data.strip('-'))
cafe python
>>> print(data.lstrip('-'))
cafe python--
```

문자열 쪼개서 사용하기 : split( ) 함수

문자열을 공백이나 지정 문자를 기준으로 분할해 결과를 리스트로 반환하는 내장함수이며, 사용 형식은 다음과 같다.

문자열.split([구분 문자열], [횟수])

형식에서 구분 문자열은 문자열을 분할하기 위한 구분자이며, 생략하면 공백을 기본 구분자로 한다. 횟수는 최대 분할 횟수이며, 생략하면 모든 가능한 분할을 수행한다.

실습 7-19 split( ) 함수

```
>>> data = "2025-01-01" #"-" 문자로 분할
>>> print(data.split("-"))
    ['2025', '01', '01']
>>> data = "cafe python coffee"  #공백으로 분할
>>> print(data.split( ))
    ['cafe', 'python', 'coffee']
>>> data = "cafe python coffee"  #공백으로 1번만 분할
>>> print(data.split(' ', 1))
    ['cafe', 'python coffee']
```

"이 문자"를 "저 문자"로 바꿔줘 : replace( ) 함수

문자열에서 변경될 문자열(old)을 찾아서 지정한 문자(new)로 변경하여 반환하는 내장함수이며, 사용 형식은 다음과 같다.

문자열.replace(old, new)

참고로 replace( ) 함수의 결과는 문자열 자체가 변경되는 것이 아니라, 변경 작업 후의 새로운 문자열을 반환한다. 따라서 변경된 문자열은 변수를 이용하여 저장하여야 한다.

실습 7-20 replace( ) 함수

```
>>> data = "cafe python coffee"
>>> print(data.replace("cafe", "카페"))
    카페 python coffee
>>> print(data)          #data 변수의 문자열은 변경되지 않음
    cafe python
>>> result = data.replace("coffee", "커피")
>>> print(result)
    cafe python 커피
```

"이 문자"는 문자열 어디에 있지 : find( ) 함수

문자열에서 지정한 문자열이 몇 번째 위치에서 시작하는지 찾아서 인덱스를 알려주는 내장함수이며, 사용 형식은 다음과 같다.

문자열.find(검색 문자열, [검색 시작 인덱스])

형식에서 검색 시작 인덱스 작성은 선택이며, 생략하면 인덱스 0번 처음부터 검색한다. 다만, 검색할 문자열에 검색 문자열이 2개 이상 중복일 경우에 활용한다.

실습 7-21 find( ) 함수

```
>>> data = "cafe python, coffee python"
>>> print(data.find("coffee"))
13
>>> print(data.find("python"))
5
```

data.find("python")에서 "python" 문자열이 data 변수의 문자열에서 중복되고 있는 것을 알 수 있다. 만약 두 번째 "python" 문자열을 찾고 싶어도 find( ) 함수는 항상 왼쪽부터 첫 번째 "python" 문자열만 찾는 단점이 있다. 따라서 중복되는 문자열 중에서 원하는 문자열을 찾아서 인덱스를 알고 싶다면 find( ) 함수의 검색 시작 인덱스를 설정하여 해결할 수 있다. 여기서 시작 인덱스는 검색 문자열과 만나지 않는 인덱스 위치를 작성해 주면 된다. data 변수의 문자열에서 두 번째 "python" 문자열을 찾는다면 다음과 같이 작성할 수 있다.

실습 7-22 중복된 문자열의 find( ) 함수

```
>>> data = "cafe python, coffee python"
>>> print(data.find("python", 6))
20
```

"이 문자"는 문자열에 들어 있나 : in 연산자

in은 지정한 검색 문자열이 문자열에 포함되어 있는지 확인할 때 사용하는 연산자이며, 사용 형식은 다음과 같다.

검색 문자열 in 문자열

검색 문자열이 문자열에 포함되어 있다면 참(True), 포함되어 있지 않다면 거짓(False)을 반환한다. 단, 영문자 대소문자는 구분한다.

실습 7-23 in 연산자

```
>>> data = "cafe python coffee"
>>> print("cafe" in data)
    True
>>> print("h" in data)
    False
>>> print("Co" in data)
    False
```

참고로 in의 반대 연산자는 not in이며, 검색 문자열이 포함되어 있지 않으면 참(True), 포함되어 있으면 거짓(False)을 반환한다.

학습문제

1. 다음 코드 의 data 변수 문자열을 참고하여 출력 결과가 다른 하나를 고르시오.

코드

```
data = "Hello"
```

① print(data[0:])　　② print(data[:])

③ print(data[0:5])　　④ print(data[1:5])

2. 다음 중 문자열 "Hello Python"의 크기를 구하는 코드를 고르시오.

① length("Hello Python")　　② str("Hello Python")

③ len("Hello Python")　　④ count("Hello Python")

3. 다음 코드 의 실행 결과로 알맞은 것을 고르시오.

코드

```
data = "2025-01-01"
print(data.split("-"))
```

① ['2025 01 01']　　② ['2025', '01', '01']

③ ['20250101']　　④ ['-', '-']

4. 다음 코드 의 실행 결과로 알맞은 것을 고르시오.

코드

```
print("달콤한 " + "라테" * 2)
```

① 달콤한 라테　　② 달콤한 라테 달콤한 라테

③ 달콤한 라테2　　④ 달콤한 라테라테

학 습 문 제

5. 다음 코드 의 실행 결과로 알맞은 것을 고르시오.

코드

```
data = "  Hello World  "
print(len(data.strip( ))
```

① 15 ② 13 ③ 11 ④ 10

6. 아래 코드 실행 후 결과 를 출력하였다. 빈 줄에 들어갈 코드를 작성하시오.

코드

```
kor = "국어 : 80점"
eng = "영어 : 90점"
tot = ______________
print(f"두 과목의 총점은 {tot}점입니다.")
```

결과

```
출력 두 과목의 총점은 170점입니다.
```

7. 아래 코드 실행 후 결과 를 출력하였다. 빈 줄에 들어갈 코드를 작성하시오.

코드

```
email = "student123@example.com"
user = email[:email.______________("@")]
print(f"사용자 아이디 : {user}")
```

결과

```
출력 사용자 아이디 : student123
```

학 습 문 제

8. 아래 코드 는 사용자가 입력한 문자열이 모두 대문자인 경우에만 "대문자입니다."를 출력하는 프로그램이다. 빈 줄에 들어갈 코드를 작성하시오.

코드

```
data = input("문자열 입력 : ")
if data.____________( ) :
  print("대문자입니다.")
```

9. 아래 결과 와 같이 입력한 문자열에서 대문자이면 소문자로, 소문자이면 대문자로 변환하는 프로그램을 작성하시오.

결과

입력 영문자 입력 : pyThOn

출력 변환 결과 : PYtHoN

CHAPTER

08 데이터 세트(1) 리스트

1

데이터 세트의 필요성

앞 단원 반복문에서 데이터 세트[DataSet] 자료형을 간략하게 소개하였다. 데이터 세트가 파이썬에서 왜 필요할까? 이해를 돕기 위하여 커피 테이크아웃 예시를 통하여 살펴본다. 모임에 가기 전에 친구들을 위해 카페에 들러 커피를 테이크아웃하려고 한다. 한두 잔을 테이크아웃하면 들고 가기에 그렇게 어렵지 않다. 하지만 여러 잔을 테이크아웃한다면 혼자서 들고 가기에는 쉽지 않을 것이다. 이러한 문제를 해결하기 위하여 카페에서는 여러 잔을 테이크아웃할 경우 한 번에 가져갈 수 있도록 커피 캐리어를 제공해 준다. 이때 제공해 주는 커피 캐리어가 바로 본 단원에서 소개할 데이터 세트이다.

그림 8-1 커피 캐리어과 데이터 세트

예를 들어 홍길동 손님이 커피(라테, 모카, 비엔나) 세 잔을 테이크아웃 주문하고, 또다시 강감찬 손님이 동일한 커피 세 잔을 테이크아웃 추가로 주문했을 때 커피 캐리어가 없다면? 손님들이 주문한 커피를 모두 만들어 테이블에 하나씩 연속적으로 두지 않을 경우에는 손님들 커피가 섞여서 서로 구분하기 힘들고 관리에 어려움이 있을 것이다. 또한 여러 잔을 한 번에 테이크아웃할 수 없는 불편함도 있다.

그림 8-2 커피 캐리어가 없는 비효율적 관리

커피 캐리어가 없는 경우 주문 커피가 많아도 하나씩 관리하는 것과 마찬가지로, 지금까지 데이터들도 필요한 만큼의 변수를 생성하여 관리를 해야 하는 불편함이 있었다. 예를 들어 100개의 데이터를 저장하려면 서로 다른 100개의 변수를 생성할 수밖에 없었다. 이러한 문제들을 해결해 주는 것이 바로 데이터 세트이다. 데이터 세트는 커피 캐리어와 같이 서로 관련된 데이터들을 한 번에 저장하여 관리할 수 있는 자료 구조이며 컬렉션[collection]자료라고도 한다.

그림 8-3 커피 캐리어가 있는 효율적 관리

이러한 특징을 가진 데이터 세트에는 리스트[list], 튜플[tuple], 딕셔너리[dictionary] 등이 있다.

2

리스트(list) 살펴보기

리스트는 여러 개 데이터를 하나의 변수에 저장할 수 있는 자료형이다. 리스트는 순서가 있는 시퀀스sequence[7] 데이터이며, 다양한 데이터(숫자, 문자열, 불, 다른 컬렉션 자료형 등)를 리스트에 저장하여 사용할 수 있다. 리스트에 저장된 각 데이터들을 항목item 또는 원소element라 하며, 저장된 항목들은 수정 가능하고 중복도 허용한다.

리스트 생성하기

리스트는 대괄호[…]를 사용하여 생성하며 리스트에 저장된 항목 값들은 콤마(,)로 구분한다. 리스트 생성을 다른 표현으로 "정의한다." 또는 "선언한다."라고 한다. 아래와 같이 다양한 리스트 생성 방법을 살펴보자.

실습 8-1 리스트 생성

```
coffee_menu = ["아메리카노", "카페라테", "모카", "카푸치노"]
coffee_price = [4700, 5200, 5700, 5200]
food_menu = [["샌드위치", 4800], ["케이크", 6500], "초콜릿", "쿠키"]
coffee_empty = []
```

7_ 데이터를 순서대로 하나씩 나열하여 나타낸 자료 구조를 의미한다. 문자열, 리스트, 튜플이 여기에 속한다.

01번 행의 coffee_menu는 커피 이름의 문자열을 저장하고 있는 문자열 리스트 변수이다. 02번 행의 coffee_price는 커피 가격을 저장하고 있는 숫자 리스트이며, 03번 행의 food_menu는 서로 다른 데이터와 리스트를 포함하고 있는 복합 항목 리스트이다. 04번 행의 coffee_empty와 같이 항목이 없는 리스트를 빈 리스트라고 한다.

리스트 항목 가져오기

(1) 인덱싱(indexing)

리스트는 순서가 있는 시퀀스 자료이기 때문에 저장되어 있는 항목들에 접근할 경우에는 위치인 인덱스 index를 활용하며, 인덱스는 0부터 시작한다. 예를 들어 커피 캐리어에 담겨 있는 커피를 선택할 때 "비엔나" 커피라고 하는 것이 아니라, 인덱스를 지정하여 "2번째" 커피를 선택하는 것과 같다.

그림 8-4 인덱스로 항목 접근하기

이와 같이 인덱스를 이용한 리스트의 항목 접근 방법을 인덱싱이라 하며, 사용 형식은 아래와 같다. 참고로 앞 단원에서 살펴본 문자열 인덱싱 방법과 동일하다.

리스트[인덱스] #인덱스 : 0~

아래 coffee 리스트에서 "카페라테"를 선택하여 주문하려면 어떻게 접근하면 좋을까? "카페라테"로 선택하는 것이 아니라 "카페라테"의 위치, 즉 인덱스로 접근해야 한다.

실습 8-2 인덱싱 활용 "카페라테" 선택

```
01 coffee = ["아메리카노", "카페라테", "모카", "카푸치노"]
02
03 print(coffee[1])   #카페라테
04 print(coffee[-3])  #카페라테
```

앞서 소개한 바와 같이 리스트가 시퀀스 자료이기 때문에, 커피를 주문을 한다면 coffee 리스트에서 "카페라테 주세요."라고 할 수 없고, "두 번째 커피로 주세요."라고 해야 한다. 그럼 coffee 리스트에서 "카페라테"는 두 번째 커피이므로 인덱스는 1이 되어 03번 행과 같이 coffee[1]로 지정하여 선택할 수 있다. 만약 역인덱스로 한다면 04번 행과 같이 coffee[-3]으로 지정하여 선택할 수 있다.

인덱싱은 인덱스를 하나만 지정할 수 있기 때문에 한 개 항목만 선택할 수 있다는 단점이 있다. 즉, 여러 개 항목을 선택하려면 인덱싱 작업을 여러 번 해야 한다는 것이다. 이러한 불편한 문제를 해결할 수 있는 방법이 슬라이싱[slicing]이다.

(2) 슬라이싱(slicing)

슬라이싱은 지정한 특정 인덱스 범위에 있는 항목들을 가져오기 하는 방법을 말하며, 하나의 항목만 가져오기 하는 인덱싱과는 차이가 있다. 사용 형식은 아래와 같다.

리스트[시작인덱스:끝인덱스:간격]

시작인덱스에서 끝인덱스-1까지 간격만큼 건너뛰며 리스트의 항목을 가져오기 하며 간격을 생략하면 1이 된다. 만약 시작인덱스를 생략하면 0번 인덱스부터 가져오기를 시작하고, 끝인덱스를 생략하면 리스트의 제일 마지막 인덱스까지 가져오기 한다. 문자열의 슬라이싱 방법과 동일하다.

실습 8-3 슬라이싱 활용 여러 커피 선택

```
coffee = ["아메리카노", "에스프레소", "카페라테", "모카", "카푸치노"]

print(coffee[1:4])  #["에스프레소", "카페라테", "모카"]
print(coffee[:3])   #["아메리카노", "에스프레소", "카페라테", "모카"]
print(coffee[2:])   #["카페라테", "모카", "카푸치노"]
print(coffee[::2])  #["아메리카노", "카페라테", "카푸치노"]
print(coffee[1::3]) #["에스프레소", "카푸치노"]
print(coffee[::-1]) #["카푸치노", "모카", "카페라테", "에스프레소", "아메리카노"]
```

3

리스트 유용한 처리 함수

항목 추가하기 : append( ) 함수

리스트에 새로운 항목을 추가하려면 어떻게 해야 할까? 바로 append( ) 함수를 사용하는 것이며 항목을 추가하는 형식은 아래와 같다.

```
리스트.append(항목)
```

append( ) 함수를 사용하여 항목을 추가하면 리스트 맨 마지막에 추가된다. 그리고 빈 리스트에 항목 추가하는 방법으로도 많이 활용된다.

예를 들어 "핸드드립" 커피를 coffee 리스트에 추가한다면 다음과 같다.

실습 8-4 coffee 리스트에 "핸드드립" 추가

```
coffee = ["아메리카노", "카페라테", "모카", "카푸치노"]
coffee.append("핸드드립")

print(coffee)  #["아메리카노", "카페라테", "모카", "카푸치노", "핸드드립"]
```

02번 행에서 coffee 리스트에 append( ) 함수를 이용하여 "핸드드립"을 추가하고, 04번 행에서 coffee 리스트를 출력해 보면 우측 제일 마지막에 추가된 것을 확인할 수 있다.

항목 삽입하기 : insert( ) 함수

append( ) 함수는 항목을 리스트 마지막에 추가하기 때문에 리스트 중간에 항목을 추가할 수 없다. 새로운 항목을 원하는 위치에 끼워 넣기 하려면 어떻게 하면 좋을까? 바로 insert( ) 함수를 사용하는 것이며 형식은 아래와 같다.

리스트.insert(인덱스, 항목)

insert( ) 함수를 사용하면 지정한 인덱스 위치에 항목을 삽입(끼워 넣기)할 수 있다. 예를 들어 "에스프레소"를 coffee 리스트의 "아메리카노" 뒤에 삽입하는 방법은 다음과 같다.

실습 8-5 "에스프레소"를 coffee 리스트의 "아메리카노" 뒤에 삽입

```
01  coffee = ["아메리카노", "카페라테", "모카", "카푸치노"]
02  coffee.insert(1, "에스프레소")
03
04  print(coffee) #["아메리카노", "에스프레소", "카페라테", "모카", "카푸치노"]
```

"에스프레소"를 coffee 리스트의 "아메리카노" 다음에 삽입을 해야 하기 때문에 인덱스는 1이 된다. 따라서 02번 행의 insert( ) 함수에서 인덱스 위치에 1을 작성하고, 삽입할 항목 "에스프레소"를 작성하면 해당 위치에 삽입이 된다. 04번 행에서 coffee 리스트를 출력해 보면 "아메리카노" 다음에 "에스프레소"가 삽입된 것을 확인할 수 있다.

항목 삭제하기 : remove( )와 del( ) 함수

리스트에서 항목을 삭제하려면 remove( ) 또는 del( ) 함수를 주로 사용한다. 우선 remove( )는 삭제하고자 하는 항목을 지정하여 삭제하는 함수이며, 사용 형식은 아래와 같다.

리스트.remove(항목)

coffee 리스트에서 "에스프레소"를 삭제하는 remove( ) 함수 활용 프로그램은 다음과 같다.

실습 8-6 coffee 리스트에서 "에스프레소" 삭제

```
coffee = ["아메리카노", "에스프레소", "카페라테", "모카", "카푸치노"]
coffee.remove("에스프레소")

print(coffee)  #["아메리카노", "카페라테", "모카", "카푸치노"]
```

단, remove( ) 함수의 단점은 삭제 시에 중복 항목이 있는 경우 첫 번째 항목만 삭제하는 것과 리스트 자체를 삭제하지 못하는 것이다. 아래 coffee 리스트는 "모카" 커피가 중복되어 있다. 해당 리스트에서 remove( ) 함수를 이용하여 "모카" 커피를 삭제하고 실행 결과를 확인해 보자.

실습 8-7 coffee 리스트에서 "모카" 삭제

```
01  coffee = ["아메리카노", "모카", "카페라테", "모카", "카푸치노", "모카"]
02  coffee.remove("모카")
03
04  print(coffee)  #["아메리카노", "카페라테", "모카", "카푸치노", "모카"]
```

02번 행에서 "모카" 커피를 remove( ) 함수를 이용하여 삭제한 후, 04번 행에서 출력 결과를 확인해 보면 "모카"가 모두 삭제되는 것이 아니라, 첫 번째 "모카"만 삭제된 것을 확인할 수 있다.
위 실습 결과와 같이 remove( ) 함수는 중복 항목이 있는 경우 원하는 항목을 삭제할 수 없는 문제를 가지고 있다. 이러한 단점을 해결하는 명령이 del( ) 함수이다.

del( ) 함수는 삭제하고자 하는 항목의 인덱스를 지정하여 삭제하는 함수이며, 사용 형식은 다음과 같다. 참고로 del( ) 함수에서 괄호를 사용하지 않는 작성도 무방하다.

del(리스트[인덱스]) | del 리스트[인덱스]

coffee 리스트에서 두 번째 "모카"를 삭제하는 del( ) 함수 활용 프로그램은 다음과 같다.

실습 8-8 | 두 번째 "모카" 삭제

```
coffee = ["아메리카노", "모카", "카페라테", "모카", "카푸치노", "모카"]
del(coffee[3])

print(coffee)  #["아메리카노", "모카", "카페라테", "카푸치노", "모카"]
```

만약, 리스트 자체를 완전 삭제하고자 할 경우에는 del(리스트)로 지정하면 된다. coffee 리스트를 완전 삭제하는 프로그램은 다음과 같다. 실행 후 coffee 리스트가 삭제되었는지 실행 결과를 확인해 본다.

실습 8-9 | coffee 리스트 삭제

```
coffee = ["아메리카노", "에스프레소", "카페라테", "모카", "카푸치노"]
del(coffee)

print(coffee)
```

결과 | coffee 리스트 삭제

출력
```
Traceback (most recent call last):
  File "<pyshell#2>", line 4, in <module>
    print(coffee)
NameError: name 'coffee' is not defined
```

리스트를 완전 삭제하는 것이 아니라, 상황에 따라 항목만 모두 삭제할 필요도 있다. 이때 활용할 수 있는 함수가 clear( )다. clear( ) 함수는 리스트의 항목을 모두 삭제하기 때문에 결과는 빈 리스트를 만드는 것이며, 사용 형식은 다음과 같다.

```
리스트.clear( )
```

coffee 리스트의 모든 항목을 삭제하는 프로그램은 다음과 같다.

실습 8-10 coffee 리스트 항목 모두 삭제

```
coffee = ["아메리카노", "에스프레소", "카페라테", "모카", "카푸치노"]
coffee.clear( )

print(coffee)  #빈 리스트
```

항목 정렬하기 : sort( ) 함수

데이터나 항목을 어떤 기준에 따라 순서대로 나열하는 것을 정렬이라고 한다. 정렬하는 방법에는 작은 값에서 큰 값으로 나열하는 오름차순(Ascending) 정렬과 큰 값에서 작은 값으로 나열하는 내림차순(Descending) 정렬이 있다. 영문자 및 한글은 사전 순서, 숫자는 크기로 정렬시키면 된다. 단, 영문자는 소문자가 대문자보다 값이 크기 때문에 정렬에 참고하기 바란다.

리스트에서 항목을 정렬하는 함수에는 sort( )가 있으며 정렬 방법에 따른 사용 형식은 다음과 같다.

```
리스트.sort( ) #오름차순
리스트.sort(reverse = True) #내림차순
```

coffee 리스트 항목은 커피 이름의 한글 문자열로 구성되어 있다. sort( ) 함수를 이용하여 coffee 리스트를 오름차순과 내림차순 정렬 실습 후, 사전 순서대로 정렬이 되어 있는지 결과를 확인해 보자.

실습 8-11 sort( )를 활용한 coffee 리스트 항목 정렬

```
coffee = ["아메리카노", "에스프레소", "카페라테", "모카", "카푸치노"]

coffee.sort( )                #오름차순
print(coffee)

coffee.sort(reverse = True)    #내림차순
print(coffee)
```

sort( ) 함수는 정렬 결과를 자신의 리스트에 바로 저장시키는 문제점을 가지고 있다. 따라서 실행 후에 정렬 전 원본 데이터를 확인할 방법이 없다. 이러한 문제점을 해결하기 위해서 사용하는 함수가 바로 sorted( )이며, 정렬 방법에 따른 사용 형식은 다음과 같다.

```
sorted(리스트) #오름차순
sorted(리스트, reverse = True) #내림차순
```

참고로 sorted( ) 함수는 정렬 결과를 저장하는 기능이 없기 때문에 결과를 저장하기 위해서는 반드시 변수를 활용해야 한다. sorted( ) 함수를 이용하여 coffee 리스트의 항목들을 사전 순서로 정렬하는 프로그램을 작성하고 결과를 확인해 보자.

실습 8-12 sorted( )를 활용한 coffee 리스트 항목 정렬

```
coffee = ["아메리카노", "에스프레소", "카페라테", "모카", "카푸치노"]

asc = sorted(coffee)                #오름차순
print(asc)

desc = sorted(coffee, reverse = True)    #내림차순
print(desc)
```

항목 총 개수 세기 : len( ) 함수

len( ) 함수는 파이썬에서 매우 자주 사용되는 함수로 리스트의 크기(항목의 개수)를 반환한다. 주로 문자열, 리스트, 튜플, 딕셔너리 등 다양한 데이터 세트 구조에서 사용되며 사용 형식은 다음과 같다.

len(리스트)

실습 8-13 coffee 리스트 크기 (항목 총 개수)

```
01 coffee = ["아메리카노", "에스프레소", "카페라테", "모카", "카푸치노"]
02
03 print(len(coffee))
```

01번 행의 coffee 리스트는 5개 항목으로 구성되어 있다. 따라서 03번 행에서 len( ) 함수를 이용하여 항목의 총 개수를 구하면 5가 반환되어 출력된다.

항목 개수 세기 : count( ) 함수

count( ) 함수는 리스트에서 지정한 항목이 몇 번 나타나는지 개수를 세는 함수이다. 리스트에서 원하는 항목이 몇 번 등장하는지 빈도수를 확인하고자 할 때 유용하게 사용되며 사용 형식은 다음과 같다.

리스트.count(항목)

실습 8-14 coffee에서 "모카"가 몇 번 등장하는지 세기

```
coffee = ["아메리카노", "모카", "에스프레소", "카페라테", "모카", "카푸치노"]

print(coffee.count("모카"))
```

문자열 단원에서도 살펴본 내용이지만, count( ) 함수는 문자열에서 지정 문자열이 몇 번 나오는지 결과를 구할 수 있다.

실습 8-15 coffee 문자열에서 "모카"가 몇 번 등장하는지 세기

```
coffee = "아메리카노, 모카, 에스프레소, 카페라테, 모카, 카푸치노"

count_모카 = coffee.count("모카")

print(f"모카 커피는 {count_모카}번 등장합니다.")
```

항목 순서 거꾸로 하기 : reverse( ) 함수

reverse( )는 리스트 항목의 순서를 거꾸로 뒤집기(순서를 반전하기) 할 때 사용하는 함수이며, 사용 형식은 다음과 같다.(단, 리스트의 항목을 정렬하는 것은 아니다.)

리스트.reverse( )

실습 8-16 coffee 항목의 순서를 거꾸로 하기

```
coffee = ["아메리카노", "에스프레소", "카페라테", "모카", "카푸치노"]

print(coffee.reverse( ))
#["카푸치노", "모카", "카페라테", "에스프레소", "아메리카노"]
```

참고로 reverse( ) 함수의 결과는 앞서 배운 리스트 슬라이싱 coffee[::-1]의 결과와 동일한 것을 알 수 있다.

항목 포함 유무 확인 : in 연산자

in 연산자는 문자열, 리스트, 튜플, 딕셔너리와 같은 여러 개의 항목을 저장하는 데이터 세트에 제공한다. in은 데이터 세트 내에 지정한 항목 값이 포함되어 있는가를 확인하는 연산자이며 사용 형식은 다음과 같다.

항목 in 리스트

결과는 항목이 리스트에 있다면 참(True), 없다면 거짓(False)을 반환하게 된다. in 연산자는 주로 조건문 또는 반복문에서 원하는 항목을 찾아서 결과를 활용하는 데 이용하고 있다. 다음과 같이 입력한 커피 메뉴가 coffee 리스트에 있으면 "입력한 커피 메뉴는 판매 중입니다."라고 출력하고, 그렇지 않으면 "죄송합니다.", "입력한 커피 메뉴는 판매하지 않습니다."라고 출력하는 프로그램을 작성해 보자.

실습 8-17 판매하는 커피 메뉴 확인

```
coffee = ["아메리카노", "에스프레소", "카페라테", "모카", "카푸치노"]

menu = input("커피 메뉴를 입력하세요 : ")

if menu in coffee :
    print(f"{menu} 메뉴는 판매 중입니다.")
else :
    print(f"죄송합니다.!!")
    print(f"{menu} 메뉴는 판매를 하지 않습니다.")
```

결과

```
입력  커피 메뉴를 입력하세요 : 아메리카노
출력  아메리카노 메뉴는 판매 중입니다.

입력  커피 메뉴를 입력하세요 : 마키아토
출력  죄송합니다.!!
      마키아토 메뉴는 판매를 하지 않습니다.
```

4

리스트 연산

리스트 덧셈 : 리스트 합치기

리스트 덧셈은 두 개의 리스트를 합쳐서 하나의 리스트를 만들어 결과를 반환해 주는 연산이다.

실습 8-18 리스트 덧셈 연산 : 합치기

```
coffee_1 = ["아메리카노", "카페라테"]
coffee_2 = ["모카", "카푸치노"]

coffee = coffee_1 + coffee_2

print(coffee)  #["아메리카노", "카페라테", "모카", "카푸치노", 핸드드립"]
```

리스트 곱셈 : 리스트 반복하기

리스트 곱셈은 리스트를 곱한 숫자만큼 반복하여 하나의 리스트를 만들어 결과를 반환해 주는 연산이다.

실습 8-19 리스트 곱셈 연산 : 반복

```
coffee = ["모카", "카푸치노"]

coffee = coffee * 3

print(coffee)  #["모카", "카푸치노", "모카", "카푸치노", "모카", "카푸치노"]
```

5

리스트 항목 변경

한 개 항목 변경

리스트 항목 중에서 한 개 항목을 선택하여 변경할 경우에는 인덱싱을 이용하여 변경하면 된다. coffee 리스트 두 번째 항목인 "에스프레소"를 "핸드드립"으로 변경하는 프로그램은 다음과 같다.

실습 8-20 리스트 한 개 항목 변경

```
coffee = ["아메리카노", "에스프레소", "카페라테", "모카", "카푸치노"]

coffee[1] = "핸드드립"

print(coffee)  #["아메리카노", "핸드드립", "카페라테", "모카", "카푸치노"]
```

여러 개 항목 변경

리스트 항목 중에서 연속된 범위를 지정하여 여러 개 값을 변경할 경우에는 슬라이싱을 사용한다. coffee 리스트의 "에스프레소"와 "카페라테"를 "말차라테"와 "초코라테"로 변경하는 프로그램을 작성하면 다음과 같다.

실습 8-21 슬라이싱 활용 여러 개 항목 변경

```
coffee = ["아메리카노", "에스프레소", "카페라테", "모카", "카푸치노"]

coffee[1:3] = ["말차라테", "초코라테"]

print(coffee)  #["아메리카노", "말차라테", "초코라테", "모카", "카푸치노"]
```

만약, 여러 개의 값을 변경할 때 슬라이싱 방법이 아니라 인덱싱을 사용할 경우에는 결과는 완전히 달라진다. coffee 리스트의 "에스프레소"를 "말차라테"와 "초코라테"로 변경하는 프로그램을 인덱싱과 슬라이싱 방법을 이용하여 결과를 확인해 보자.

(1) 인덱싱 방법을 이용한 리스트 변경

실습 8-22 리스트 그대로 변경

```
coffee = ["아메리카노", "에스프레소", "카페라테", "모카", "카푸치노"]

coffee[1] = ["말차라테", "초코라테"]
print(coffee)
```

결과

출력 ['아메리카노', ['말차라테', '초코라테'], '카페라테', '모카', '카푸치노']

03번 행에서 ["말차라테", "초코라테"] 리스트를 coffee[1]에 대입하면 실행 결과 와 같이 리스트에 리스트가 추가되어 항목 변경된 것을 확인할 수 있다. 인덱싱은 한 개 항목을 의미하기 때문에 대입할 리스트 한 개 항목을 대입하여 변경 작업을 한다.

(2) 슬라이싱 방법을 이용한 리스트 변경

실습 8-23 항목을 풀어서 변경

```
01  coffee = ["아메리카노", "에스프레소", "카페라테", "모카", "카푸치노"]
02
03  coffee[1:2] = ["말차라테", "초코라테"]
04  print(coffee)
```

결과

```
출력  ['아메리카노', '말차라테', '초코라테', '카페라테', '모카', '카푸치노']
```

03번 행에서 ["말차라테", "초코라테"] 리스트를 coffee[1:2]에 대입하면 실행 결과 와 같이 리스트의 항목을 풀어서 항목 변경된 것을 확인할 수 있다. 슬라이싱은 범위를 지정하기 때문에 리스트의 항목을 범위에 대입하여 변경 작업을 한다.

6

반복문과 효율적 리스트 관리

리스트는 여러 항목 값이 저장되어 있는 데이터 세트 자료형이기 때문에 항목 값을 관리하기 위해서는 순차적으로 하나씩 처리를 해야 하는 단점이 있다. 리스트와 같은 데이터 세트 자료형들 또한 동일한 문제점을 가지고 있다. 이러한 문제점들을 효율적으로 해결하는 방법으로 반복문을 사용한다.

리스트를 활용하는 작업에서 어떤 상황일 때 반복문을 주로 사용하는지 살펴본다.

① 반복적인 작업의 효율적 처리 : 리스트의 항목을 하나씩 수동으로 처리하는 것은 비효율적이다. 항목의 개수가 많으면 많을수록 더 복잡해진다. 이러한 문제 상황에 반복문을 사용하여 작업의 효율성을 높일 수 있다.

② 동적이고 유연한 데이터 처리 : 리스트의 크기나 항목은 문제 상황에 따라 자주 변경이 된다. 이때 반복문을 사용하여 리스트의 크기나 항목에 관계없이 자동으로 처리할 수 있다.

③ 동일한 코드의 간결화 : 리스트 작업 처리에서는 반복을 가지는 규칙적인 작업의 코드를 자주 만나게 되는데, 이때 반복문을 사용하여 간결하게 구현할 수 있다.

위와 같이 반복문을 활용하면 리스트 처리에 매우 유용하다. 그럼 어떤 반복문을 사용할 것인가? for문이나 while문 모두 사용 가능하나 데이터 세트의 항목 개수가 유한개라는 것을 생각했을 때 횟수 반복인 for 반복문을 주로 활용하는 편이며, 이에 대한 활용 방법도 다양하다. 반복문을 활용한 리스트의 효율적 처리 방법을 실습을 통해 살펴보자.

반복문 활용 간결한 코드 처리

리스트를 관리하는데 반복문을 활용하지 않으면 어떤 불편한 점이 있는지 다음 프로그램을 작성하고 생각해 보자. coffee 리스트에 등록되어 있는 커피 메뉴의 이름 5개를 반복문을 사용하지 않고 하나씩 출력하는 프로그램을 작성해 보자.

실습 8-24 반복문을 활용하지 않은 리스트 항목 출력

```
01  coffee = ["아메리카노", "에스프레소", "카페라테", "모카", "카푸치노"]
02
03  print(coffee[0])
04  print(coffee[1])
05  print(coffee[2])
06  print(coffee[3])
07  print(coffee[4])
```

위 코드와 같이 coffee 리스트의 항목이 5개만 있다면 하나씩 처리하기에 큰 어려움은 없다. 하지만, 항목의 개수가 1000개, 10000개와 같이 많으면 하나씩 처리하기에는 쉽지가 않을 것이다.
이러한 이유에서, 실습 8-24 03번 행에서 07번 행까지의 코드를 살펴보면 그림 8-5 와 같이 print( ) 함수 코드가 유사하고, 인덱스 값이 0에서 1씩 증가하면서 4까지 적용된다는 것을 알 수 있다.

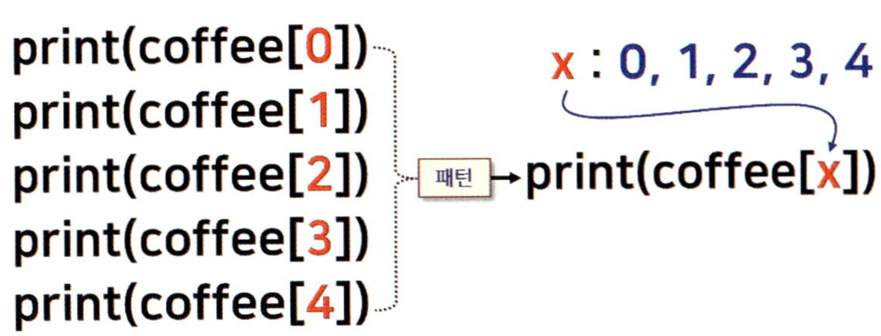

그림 8-5 coffee 리스트 항목 출력의 반복 패턴

이와 같이 유사 코드가 연속적이고 인덱스 값이 규칙적으로 변할 경우 해당 작업을 반복 패턴이라고 한다. 반복 패턴은 for문으로 대체하여 작업의 효율성을 가질 수 있으며, for문으로 변경하여 재작성된 프로그램은 다음과 같다. 반복문을 적용하지 않은 이전 실습 결과와 동일한지 실행 결과를 확인해 보자.

실습 8-25 for문을 활용한 리스트 항목 출력

```
01 coffee = ["아메리카노", "에스프레소", "카페라테", "모카", "카푸치노"]
02
03 for x in range(5) :
04     print(coffee[x])
```

03번 행의 x 변수는 0~4까지 값을 하나씩 꺼내와 04번 행의 coffee[x]의 x에 대입되어 coffee[0], coffee[1], ~ coffee[4] 인덱싱하여 항목을 반복 출력한다. 참고로 03번 행의 for문을 for x in range(0, 5)으로 작성해도 동일한 결과를 구할 수 있다.

(1) 관련 항목들의 효율적인 리스트 처리

다음은 항목 간에 관련성이 있으며 서로 다른 자료형의 항목을 하나의 리스트에 저장하여 활용할 경우 발생할 수 있는 관리의 문제점에 대하여 살펴본다. 예를 들어 커피와 가격이 항목으로 저장된 coffee 리스트를 활용하여 결과 와 같이 출력하는 프로그램을 작성하여 보고 어떤 문제점이 발생하는지 생각해 보자.

결과

```
출력 아메리카노(5000원)
     에스프레소(4500원)
     카페라테(5500원)
```

우선 리스트 관리의 효율성을 위해 커피와 가격을 서로 인접시켜 coffee 리스트의 항목으로 구성하여 정의하고, 해당 coffee 리스트를 참고하여 다양한 출력 방법으로 작성한 프로그램은 다음과 같다.

실습 8-26 coffee 리스트의 커피와 가격 출력 프로그램

```
01 # coffee 리스트 구성 : [커피명, 가격, ·········]
02 coffee = ["아메리카노", 5000, "에스프레소", 4500, "카페라테", 5500]
03
04 #(방법1)
05 print(f"{coffee[0]}({coffee[1]}원)")
06 print(f"{coffee[2]}({coffee[3]}원)")
07 print(f"{coffee[4]}({coffee[5]}원)")
08
09 #(방법2)
10 for x in range(0, 6, 2) :
11     print(f"{coffee[x]}({coffee[x+1]}원)")
12
13 #(방법3)
14 for x in range(3) :
15     idx = x * 2
16     print(f"{coffee[idx]}({coffee[idx+1]}원)")
```

coffee 리스트는 항목(커피 이름, 가격)이 서로 인접하고 있어 짝수 인덱스는 커피, 홀수 인덱스는 가격이기 때문에 04번 행에서 07번 행까지의 (방법1)은 짝홀수 인덱스를 반복문을 활용하지 않고 직접적으로 인덱싱하여 출력하였으며, 09번 행에서 16번 행까지의 (방법2)와 (방법3)은 (방법1)의 반복 패턴을 반복문과 수식 활용으로 인덱싱하여 출력하였다.

위와 같이 리스트의 인접한 항목을 출력하기 위해 사용한 인덱싱이 복잡하고 어려워 보인다. 이유는 바로 "리스트가 순서 기반 데이터"이기 때문이다. 현시점에서 이러한 문제점을 해결하는 유용한 방법은 아래 **실습 8-27** 과 같이 커피와 가격을 서로 다른 리스트(coffee, price)로 생성하고, 서로 관련된 항목끼리 인덱스를 일치시켜 주는 것이다. 예를 들어 커피 "아메리카노"의 가격이 "5000원"이라면 coffee와 price 리스트의 각 0번 인덱스에 저장시켜 위치를 일치시키고, 그 외 나머지 커피와 가격 항목 값들도 인덱스를 1씩 증가시키면서 차례대로 저장시킨다. 단, 한 개라도 항목이 불일치될 경우 정확한 결과가 출력될 수 없기 때문에 주의해야 한다. 이와 같이 인덱스를 일치시킨 리스트들은 인덱싱 시에 동일한 인덱스로 항목 접근하여 처리가 가능해진다.

실습 8-27 커피와 가격 출력하기 개선 프로그램

```
01 coffee = ["아메리카노", "에스프레소", "카페라테", "모카", "카푸치노"]
02 price = [5000, 4500, 5500, 5300, 5200]
03
04 for x in range(5) :
05     print(f"{coffee[x]}({price[x]}원)")
```

04번 행에서 05번 행까지 동일한 인덱스로 인덱싱하여 커피와 가격 항목 값을 서로 관련시켜 출력이 가능해진다. 이와 같이 커피와 가격의 인덱스가 0번에서 4번까지 일치하기 때문에 순서대로 인덱싱하면, 앞서 하나의 리스트로 생성하여 출력 처리하는 작업보다는 효율적이라는 것을 알 수 있다.

(2) 숫자 리스트의 효율적인 합계 구하기

다음은 판매하고 있는 커피 가격의 총금액이 얼마인지 출력하는 프로그램이다. 앞 실습과 동일하게 for문을 사용하지 않은 경우와 사용하는 경우의 효율성을 비교하기 위해 같이 살펴보도록 한다. 참고로 연산자 단원에서 이미 해당 내용을 학습하였고 실습까지 진행은 하였다. 다만, 리스트 자료를 사용한다는 차이만 있을 뿐이다.

첫 번째, 덧셈 연산식을 활용한 총금액 구하기

먼저 for문을 사용하지 않을 경우에는 다음 프로그램과 같이 price 리스트의 모든 가격을 인덱싱하여 더한 결과를 출력할 수 있다.

실습 8-28 덧셈 연산식을 활용한 총금액 구하기

```
coffee = ["아메리카노", "에스프레소", "카페라테", "모카", "카푸치노"]
price = [5000, 4500, 5500, 5300, 5200]

hap = 0
hap = price[0] + price[1] + price[2] + price[3] + price[4]

print(f"판매하는 커피의 총금액 : {hap}")
```

05번 행을 살펴보면 총금액(hap)을 구하기 위하여 price[인덱스]를 인덱스 0에서 4까지 인덱싱하여 덧셈 연산을 한다. 덧셈 연산의 연속적인 계산은 누적 연산식으로 변경하여 다음과 같이 재작성할 수 있다.

두 번째, 누적 연산식을 활용한 합계 구하기

실습 8-29 누적 연산식을 활용한 총금액 구하기

```
01  coffee = ["아메리카노", "에스프레소", "카페라테", "모카", "카푸치노"]
02  price = [5000, 4500, 5500, 5300, 5200]
03
04  hap = 0
05  hap = hap + price[0]
06  hap = hap + price[1]
07  hap = hap + price[2]
08  hap = hap + price[3]
09  hap = hap + price[4]
10
11  print(f"판매하는 커피의 총금액 : {hap}")
```

05번 행에서 09번 행까지 hap = hap + price[인덱스] 연산식이 반복되고, 인덱스는 0에서 4까지 1씩 증가하는 규칙을 찾을 수 있다. 이와 같은 반복 규칙이 있는 누적 연산식을 for문을 활용하여 아래와 같이 프로그램을 재작성할 수 있다.

세 번째, for문을 활용한 총금액 구하기

실습 8-30 for문을 활용한 총금액 구하기

```
coffee = ["아메리카노", "에스프레소", "카페라테", "모카", "카푸치노"]
price = [5000, 4500, 5500, 5300, 5200]

hap = 0
for x in range(5) :
    hap = hap + price[x]

print(f"판매하는 커피의 총금액 : {hap}")
```

참고로 리스트의 인덱스를 for문에서 직접적으로 활용하지 않는다면, 데이터 세트 자체를 for문에 바로 활용 가능하다. 방법은 인덱스 관리를 위해서 사용하는 range( ) 대신에 해당 자리에 데이터 세트인 price 리스트를 작성하여 반복하는 것이다. 데이터 세트의 for문 활용은 반복문 단원에서 학습했으니 해당 단원을 참고 바란다.

실습 8-31 price 리스트 활용하여 총금액 구하기

```
coffee = ["아메리카노", "에스프레소", "카페라테", "모카", "카푸치노"]
price = [5000, 4500, 5500, 5300, 5200]

hap = 0
for x in price :
    hap = hap + x

print(f"커피 총금액 : {hap}")
```

리스트 크기에 따른 효율적 작업

리스트의 크기는 항상 일정하지 않고 변동이 된다. 즉, coffee 리스트 항목이 3개가 될 수도 있고, 때로는 5개가 될 수도 있다. 해당 상황에서 기존대로 처리한다면 coffee 리스트 크기에 따라 range(n) 함수의 n값을 계속 변경하여 인덱스를 관리해야 하는 문제점을 가지고 있다. 예를 들어 coffee 리스트가 5개 항목이라면 인덱스 0에서 4까지 인덱싱하기 위해 for문에서 range(5)를 사용, 3개 항목이라면 인덱스 0에서 2까지 인덱싱하기 위해 for문에서 range(3)을 사용해야 한다.

위 상황의 해결법을 먼저 확인하기 전에, 앞서 소개한 서로 다른 리스트 크기에 대한 처리 문제점을 실습 프로그램을 통해 살펴보자.

실습 8-32 | 리스트 크기가 다른 리스트 항목 출력

```
01  #항목이 3개인 리스트 처리
02  coffee = ["아메리카노", "에스프레소", "카페라테"]
03  price = [5000, 4500, 5500]
04
05  for x in range(3) :
06      print(f"{coffee[x]}({price[x]}원)")
07
08  #항목이 5개인 리스트 처리
09  coffee = ["아메리카노", "에스프레소", "카페라테", "모카", "카푸치노"]
10  price = [5000, 4500, 5500, 5300, 5200]
11
12  for x in range(5) :
13      print(f"{coffee[x]}({price[x]}원)")
```

리스트 크기에 따라 05번 행과 12번 행과 같이 range(n) 함수의 n값을 계속 변경해 주어야 하는 불편함이 있다. 또한 리스트를 구성하고 있는 항목의 개수가 많을 경우 몇 개의 항목인지 확인하는 데 어려움도 있다.

해당 부분을 어떻게 해결해야 효과적일까? 바로 리스트 크기를 구하는 len( ) 함수를 사용하는 것이다. len( ) 함수를 적용하면 아래 프로그램과 같이 서로 다른 크기에 따라 자동으로 크기를 구하여 range( ) 함수에 적용시켜 크기에 따른 인덱싱이 가능하기 때문에 작업의 효율성을 가질 수 있다.

실습 8-33 len() 함수를 활용한 크기가 다른 리스트 항목 출력

```
#항목이 3개인 리스트 처리
coffee = ["아메리카노", "에스프레소", "카페라테"]
price = [5000, 4500, 5500]

for x in range(len(coffee)) :
    print(f"{coffee[x]}({price[x]}원)")

#항목이 5개인 리스트 처리
coffee = ["아메리카노", "에스프레소", "카페라테", "모카", "카푸치노"]
price = [5000, 4500, 5500, 5300, 5200]

for x in range(len(coffee)) :
    print(f"{coffee[x]}({price[x]}원)")
```

리스트 활용 응용하기

coffee 리스트에서 커피 가격이 5000원 이상인 커피만 1000원씩 할인하여 아래 결과와 같이 출력하는 프로그램을 작성하시오. (단, 할인되는 커피는 할인 전 금액과 할인 후 금액을 같이 출력하도록 한다.)

결과

```
출력  아메리카노(5000원 -> 4000원)
      에스프레소(4500원)
      카페라테(5500원 -> 4500원)
      모카(5300원 -> 4300원)
      카푸치노(5200원 -> 4200원)
```

실습 8-34 가격 할인 커피(가격) 출력

```
coffee = ["아메리카노", "에스프레소", "카페라테", "모카", "카푸치노"]
price = [5000, 4500, 5500, 5300, 5200]

for x in range(len(coffee)) :
    if price[x] >= 5000 :
        print(f"{coffee[x]}({price[x]}원 -> {price[x]-1000}원)")
    else :
        print(f"{coffee[x]}({price[x]}원)")
```

coffee 리스트에서 평균 가격보다 더 비싼 커피와 가격을 아래 결과와 같이 출력하는 프로그램을 작성하시오.

결과

출력
```
<평균 가격 : 5100원>
카페라테(5500원)
모카(5300원)
카푸치노(5200원)
```

실습 8-35 평균 가격보다 비싼 커피(가격) 출력

```
coffee = ["아메리카노", "에스프레소", "카페라테", "모카", "카푸치노"]
price = [5000, 4500, 5500, 5300, 5200]

avg_price = sum(price) / len(price)
print(f"<평균 가격 : {int(avg_price)}원>")

for x in range(len(coffee)) :
    if price[x] >= avg_price :
        print(f"{coffee[x]}({price[x]}원)")
```

학 습 문 제

1. 다음 중 리스트를 올바르게 정의한 것을 고르시오.

① coffee = "아메리카노", "모카"　　② coffee = {"아메리카노", "모카"}

③ coffee = ["아메리카노", "모카"]　　④ coffee = ("아메리카노", "모카")

2. 다음 중 데이터 세트(컬렉션 자료)의 항목 총 개수를 반환하는 함수를 고르시오.

① sum( )　　② count( )　　③ size( )　　④ len( )

3. 다음 중 리스트에 새로운 항목을 추가하는 함수를 고르시오.

① append( )　　② add( )　　③ insert( )　　④ extend( )

4. 다음 **코드** 의 실행 결과로 알맞은 것을 고르시오.

코드

```
coffee = ["아메리카노", "모카", "카페라테", "에스프레소"]
print(coffee[1:3])
```

① ["아메리카노", "모카", "카페라테"]　　② ["모카", "카페라테"]

③ ["아메리카노", "카페라테"]　　④ ["모카", "에스프레소"]

5. 다음 **코드** 의 설명으로 틀린 것을 고르시오.

코드

```
coffee = ["아메리카노", "에스프레소", "카페라테"]
coffee[1] = ["말차라테", "초코라테"]
print(coffee)
```

① 실행 결과는 ['아메리카노', ['말차라테', '초코라테'], '카페라테'] 이다.

② 리스트 안에 리스트가 포함된다.

③ "말차라테", "초코라테"가 각각 항목으로 들어간다.

④ coffee[1]의 값이 리스트로 바뀐다.

학습문제

7. 다음 중 coffee[::-1]의 결과로 알맞은 설명을 고르시오.

① 리스트를 오름차순 정렬한다. ② 리스트를 복제한다.
③ 리스트 항목 순서를 거꾸로 뒤집는다. ④ 리스트의 항목을 모두 제거한다.

8. 리스트의 항목 중에서 하나를 삭제할 때 항목 값을 직접 지정하여 삭제하는 함수를 고르시오.

① remove( ) ② clear( ) ③ del( ) ④ pop( )

9. 리스트의 모든 항목을 제거하고 빈 리스트를 만드는 함수를 고르시오.

① remove( ) ② clear( ) ③ del( ) ④ pop( )

10. 아래 **코드** 실행 후 **결과**를 출력하였다. 빈 줄에 들어갈 코드를 주석을 참고하여 작성하시오.

코드

```
coffee = ["아메리카노", "카페라테", "모카"]
coffee.__________("에스프레소")    # 리스트에 "에스프레소" 항목 추가
coffee.__________("모카")          # "모카" 항목 삭제
print(coffee)
```

결과

```
출력 ['아메리카노', '카페라테', '에스프레소']
```

11. 아래 **코드** 실행 후 **결과**를 출력하였다. 빈 줄에 들어갈 코드를 작성하시오.

코드

```
coffee = ["아메리카노", "에스프레소", "카페라테", "모카", "카푸치노"]
__________ = ["말차라테", "초코라테"]
print(coffee)
```

결과

```
출력 ['아메리카노', '말차라테', '초코라테', '모카', '카푸치노']
```

학 습 문 제

11. 사용자로부터 과일 이름을 5개 입력 받아 리스트에 저장한 후, 입력한 과일 중에서 가장 글자가 긴 과일을 출력하는 프로그램을 작성하시오.

결과

출력 과일 이름을 입력하세요 : 사과
과일 이름을 입력하세요 : 바나나
과일 이름을 입력하세요 : 포도
과일 이름을 입력하세요 : 수박
과일 이름을 입력하세요 : 키위
과일 = ['사과', '바나나', '포도', '수박', '키위']
가장 이름이 긴 과일 : 바나나

12. 사용자로부터 정수들을 입력 받아 리스트에 저장하되, 사용자가 0을 입력하면 입력을 종료하도록 하고, 입력된 숫자들 중 짝수만 리스트로 출력하는 프로그램을 작성하시오.(단, 숫자는 몇 개 입력할지 모른다.)

결과

입력 정수를 입력하세요 (0 입력 시 종료): 5
정수를 입력하세요 (0 입력 시 종료): 8
정수를 입력하세요 (0 입력 시 종료): 13
정수를 입력하세요 (0 입력 시 종료): 4
정수를 입력하세요 (0 입력 시 종료): 0
출력 입력한 짝수들: [8, 4]

CHAPTER

09

데이터 세트(2) 튜플, 딕셔너리

1

튜플(tuple) 살펴보기

튜플은 리스트와 동일하게 여러 개 값을 하나의 변수에 저장할 수 있는 데이터 세트이자 컬렉션 자료형이다. 리스트와의 차이점은 한번 생성된 튜플은 항목의 순서를 바꾸거나, 변경 및 삭제 등의 작업을 할 수 없는 읽기 전용(Read only) 자료라는 것이다.

튜플 생성하기

튜플은 소괄호(...)를 이용하여 여러 개 항목을 묶어서 생성하며, 저장되는 항목 값들은 콤마(,)로 구분한다. 리스트와 마찬가지로 항목이 없는 빈 튜플도 생성이 가능하다.

실습 9-1 튜플 생성

```
coffee_menu = ("아메리카노", "카페라테", "모카", "카푸치노")
coffee_price = (4700, 5200, 5700, 5200)
food_menu = (["샌드위치", 4800], ["케이크", 6500], "초콜릿", "쿠키")
coffee_empty = ( )
```

01번 행 coffee_menu와 02번 행 coffee_price는 커피 이름과 가격을 저장하고 있는 문자열과 숫자 튜플이며, 03번 행의 food_menu는 서로 다른 자료형과 리스트를 포함하고 있는 복합 자료 튜플이다. 04번 행의 coffee_empty는 항목 값이 없는 빈 튜플을 의미한다.

다음과 같이 괄호 없이 항목들을 나열하는 튜플 생성도 가능하다.

실습 9-2 괄호를 생략한 튜플 생성

```
01  coffee_name1 = ("아메리카노", "카페라테", "모카", "카푸치노")
02  coffee_name2 = "아메리카노", "카페라테", "모카", "카푸치노"
03
04  print(coffee_menu1, coffee_name2)
```

02번 행의 coffee_name2는 괄호 없는 튜플 생성이며, 04번 행에서 출력 결과를 확인해 보면 01번 행의 coffee_name1과 동일한 튜플임을 확인할 수 있다.

하나의 항목만 가진 튜플을 생성할 때는 반드시 항목 뒤에 콤마를 작성해야 한다.

실습 9-3 한 개 항목의 튜플 생성

```
01  coffee_name1 = ("아메리카노")
02  coffee_name2 = ("아메리카노",)
03  print(coffee_menu1, coffee_name2)
04  print(type(coffee_menu1), type(coffee_name2))
```

01번 행과 같이 튜플을 생성하기 위하여 괄호 내에 한 개의 항목만 작성할 경우 coffee_name1 = 아메리카노"와 동일한 문자열이 된다. 따라서 한 개 항목을 가지는 튜플을 생성하려면 02번 행과 같이 항목 뒤에 반드시 콤마(,)를 꼭 작성해야 한다. 03번 행에서 결과를 출력해 보면 coffee_name1은 문자열, coffee_name2는 튜플임을 확인할 수 있고, 04번 행에서 데이터 타입을 확인할 수 있다.
만약 괄호를 하지 않고 한 개 항목의 튜플을 생성한다면 위와 동일하게 항목 뒤에 콤마를 작성해 주면 된다. coffee_name2 = "아메리카노",와 같이 작성하면 된다.

튜플 활용하기

튜플 또한 리스트와 동일하게 순서 기반 데이터이기 때문에 인덱스를 이용하여 인덱싱과 슬라이싱이 가능하며, 방법 또한 리스트와 동일하기 때문에 형식은 생략하고 간략하게 실습으로 확인만 한다.

실습 9-4 인덱싱과 슬라이싱

```
coffee_menu = ("아메리카노", "카페라테", "모카", "카푸치노")

print(coffee_menu[2])     #"모카"
print(coffee_menu[-3])     #"카페라테"

print(coffee_menu[:2])     #("아메리카노", "카페라테")
print(coffee_menu[1:])     #("카페라테", "모카", "카푸치노")
```

덧셈(+)과 곱셈(*) 연산도 리스트와 동일하게 덧셈 연산은 튜플 항목들을 서로 합쳐서 하나의 튜플을 만들고, 곱셈 연산은 지정한 숫자만큼 튜플의 항목을 반복하여 하나의 튜플을 만들어 반환한다.

실습 9-5 덧셈과 곱셈 연산

```
coffee_menu1 = ("아메리카노", "카페라테")
coffee_menu2 = ("모카", "카푸치노")

print(coffee_menu1 + coffee_menu2)
print(coffee_menu1 * 2)
```

len( )과 count( )도 튜플에서 자주 활용되는 함수이며, in 연산자도 사용이 가능하다. 사용 형식 및 방법은 리스트에서 살펴본 것과 동일하다.

실습 9-6 | coffee의 크기, 개수, 항목 포함 유무

```
coffee = ["아메리카노", "모카", "에스프레소", "카페라테", "모카", "카푸치노"]

print(len(coffee)) #6
print(coffee.count("모카")) #2
print("모카" in coffee) #True
```

위와 같이 튜플에서 사용할 수 있는 작업이 있는 반면에 수정, 추가, 삭제, 정렬 등과 같이 항목의 값을 변경하고자 하는 작업은 튜플이 읽기 전용이기 때문에 사용할 수가 없다.

실습 9-7 | 튜플에서 사용할 수 없는 작업

```
01  coffee = ["아메리카노", "카페라테", "모카", "카푸치노")]
02
03  coffee[1] = "에스프레소"
04  coffee.append("에스프레소")
05  coffee.sort( )
06  coffee.reverse( )
07  del coffee[1]
08  del coffee
```

03번 행에서 07번 행까지는 항목 값 변경, 추가, 정렬, 반전, 삭제 등의 작업으로 모두 오류가 발생한다. 튜플은 07번 행과 같이 한 개의 항목 값 삭제는 불가능하지만, 08번 행과 같이 튜플 자체 삭제 작업은 가능하다.

2

딕셔너리(dictionary) 살펴보기

딕셔너리는 우리가 알고 있는 사전을 의미한다. 사전은 단어와 단어의 설명(뜻)이 저장되어 있는 구조이다. 딕셔너리는 사전과 같이 단어에 해당하는 키(Key)와 뜻에 해당하는 값(value)의 쌍으로 항목을 저장하는 자료형이며, 순서가 없기 때문에 항목에 접근할 때 인덱스를 활용하지 않고 키를 이용한다. 키는 중복이 되지 않는 고유값을 가져야 하고, 값은 중복을 허용한다.

딕셔너리 생성하기

딕셔너리는 중괄호 {...}를 이용하여 여러 개 자료를 묶어서 생성하며 저장되는 항목 값들은 콤마(,)로 구분한다. 각 항목은 키와 값을 쌍으로 구성하며 콜론(:)으로 구분하여 표현한다. 키로 사용할 수 있는 데이터는 어떤 데이터이든 가능하나 변경 불가능하여야 한다.

실습 9-8 딕셔너리 생성

```
coffee = {"아메리카노":4700, "카페라테":5200, "모카":5700, "카푸치노":5200}
food = {"샌드위치":4800, "케이크":6500, "도넛":5300, "쿠키":1500}
size = {8:"Short", 12:"Tall", 16:"Grande", 20:"Venti"}
coffee_empty = {}
```

01번 행의 coffee 딕셔너리는 키는 커피 이름, 값은 커피 가격으로 구성하여 생성한다. 02번 행의 food 딕셔너리는 키는 푸드 이름, 값은 푸드 가격으로 구성하여 생성한다. 01번 행과 02번 행의 딕셔너리 키가 문자열이었다면, 03번 행과 같이 딕셔너리 키 값으로 숫자를 이용할 수도 있다. 해당 딕셔너리의 키는 커피 용량(온스), 값은 사이즈의 문자열로 구성하여 딕셔너리를 생성한다. 04번 행의 coffee_empty는 항목 값이 없는 빈 딕셔너리를 의미한다.

딕셔너리 항목 접근

딕셔너리에서 항목 접근은 키 값을 사용하며 방법은 아래와 같이 두 가지 형식이 있다.

① 딕셔너리[키]
② 딕셔너리.get(키)

①과 ②형식의 차이는 키 값 유무에 따른 접근 방법이다. ①형식은 키 값이 없는 경우 오류가 발생하고, 반면에 ②형식은 어떠한 오류도 발생하지 않고 None 값을 출력한다. 다음 실습 프로그램을 통해 결과를 확인해 보자.

실습 9-9 딕셔너리 항목 접근

```
01 coffee = {"아메리카노":4700, "카페라테":5200, "모카":5700, "카푸치노":5200}
02 size = {8:"Short", 12:"Tall", 16:"Grande", 20:"Venti"}
03
04 print(coffee["카페라테"], size[12])
05 print(coffee.get("카페라테"), size.get(12))
06
07 print(coffee["콜드브루"])
08 print(coffee.get("콜드브루"))
```

04번 행과 05번 행에서 "카페라테" 키를 이용하여 coffee 딕셔너리에 접근하여 가격을 출력, 숫자인 커피 용량 키를 이용하여 size 딕셔너리에 접근하여 사이즈를 출력한다. 모두 키가 존재하기 때문에 정상적으로 출력 결과를 확인할 수 있다. 만약 키가 없는 경우에는 앞서 소개한 내용과 같이 접근 방법에 따라 차이가 발생한다. 07번 행과 같이 키 값이 없는 "콜드브루"로 coffee 딕셔너리에 접근할 경우 "KeyError: '콜드브루'" 오류가 발생한다. 하지만 08번 행의 경우 07번 행과 동일하게 키 값이 없는 "콜드브루"는 coffee 딕셔너리에 접근할 경우 오류 없이 결과로 "None" 값을 출력한다.

위와 같이 딕셔너리에 키가 없는 경우 오류나 None 값이 출력될 수 있다. 이때 딕셔너리에 키가 있는지 없는지 확인할 수 있는 방법이 앞서 배운 in 연산자를 이용하는 것이다. 딕셔너리에서 in 연산자는 키의 유무를 확인하며 키가 있으면 참(True), 없으면 거짓(False)을 반환한다.

실습 9-10 coffee 딕셔너리 키 유무 확인

```
coffee = {"아메리카노":4700, "카페라테":5200, "모카":5700, "카푸치노":5200}

name = input("커피 이름을 입력하세요 : ")

if name in coffee :
    print(f"입력한 {name} 키가 있습니다.")
else :
    print(f"입력한 {name} 키가 없습니다.")
```

딕셔너리 항목 변경 및 추가

딕셔너리에서 기존 항목을 변경하거나, 새로운 항목을 추가하는 방법의 사용 형식은 다음과 같다.

딕셔너리[키] = 값

위와 같이 사용 형식이 동일할 경우 항목 변경과 추가 작업을 어떻게 구분할까? 바로 딕셔너리에 키가 있는 경우는 항목 값 변경이고, 키가 없는 경우는 새로운 항목 값 추가가 된다.

실습 9-11 coffee 딕셔너리 항목 변경 및 추가

```
01 coffee = {"아메리카노":4700, "카페라테":5200, "모카":5700, "카푸치노":5200}
02
03 coffee["아메리카노"] = 4500
04 coffee["콜드브루"] = 5100
05
06 print(coffee)
```

03번 행에서는 "아메리카노" 키가 coffee 딕셔너리에 있기 때문에 기존 값 4700을 4500으로 변경하게 된다. 04번 행에서는 "콜드브루" 키가 coffee 딕셔너리에 없기 때문에 새로운 "콜드브루":5100 항목을 추가하게 된다. 06번 행에서 coffee 딕셔너리를 출력하여 확인할 수 있다.

딕셔너리 항목 삭제

딕셔너리에서 항목을 삭제하는 방법은 리스트에서 살펴본 del( ) 함수를 사용하는 것이며, 사용 형식은 다음과 같다.

```
del 딕셔너리[키]
```

실습 9-12 coffee 딕셔너리 항목 삭제

```
01 coffee = {"아메리카노":4700, "카페라테":5200, "모카":5700, "카푸치노":5200}
02
03 del coffee["아메리카노"]
04 del(coffee["카페라테"])
05 del coffee
```

03번 행과 같이 del 다음에 삭제할 딕셔너리 항목의 키를 입력하여 삭제할 수 있으며, 또한 04번 행과 같이 del 다음에 삭제할 항목을 괄호로 묶어서 삭제도 가능하다. 05번 행과 같이 del 다음에 딕셔너리를 바로 작성하면 딕셔너리 자체를 삭제하게 되므로 주의가 필요하다.

딕셔너리에 있는 항목만 전체 삭제하고자 한다면, 리스트에서 학습한 clear( ) 함수를 딕셔너리에서도 이용할 수 있다. coffee.clear( )를 사용하여 coffee 딕셔너리의 항목 전체를 삭제하여 빈 딕셔너리를 만들게 된다.

딕셔너리 유용한 함수

딕셔너리는 키와 값 쌍으로 구성되어 있기 때문에 사용에 따라 키만 필요하거나, 값만 필요한 경우가 있다. 이와 같이 필요에 따라 유용하게 키와 값을 사용할 수 있는 딕셔너리 대표 함수는 다음과 같다.

딕셔너리.keys( )
딕셔너리.values( )
딕셔너리.items( )

keys( )는 딕셔너리 내의 모든 키를 알고 싶을 때 사용하며 결과는 리스트 형태로 반환하며, values( )는 딕셔너리 내의 모든 값을 알고 싶을 때 사용하며 결과 또한 리스트로 반환한다. items( )는 딕셔너리 내의 모든 항목들을 튜플 형식(키, 값)의 항목으로 만들어 리스트로 반환한다.

실습 9-13 coffee 딕셔너리 모든 키 출력

```
01 coffee = {"아메리카노":4700, "카페라테":5200, "모카":5700, "카푸치노":5200}
02
03 print(coffee.keys( ))
04 print(list(coffee.keys( )))
```

결과

```
출력 dict_keys(['아메리카노', '카페라테', '모카', '카푸치노'])
     ['아메리카노', '카페라테', '모카', '카푸치노']
```

03번 행과 같이 딕셔너리에 keys( ) 함수를 적용하면 coffee 딕셔너리의 모든 키를 출력하게 된다. 그런데 결과가 "dict_keys(.....)" 접두어가 있는 결과를 출력하게 된다. 해당 접두어를 생략하려면, 04번 행과 같이 출력 전에 list( ) 함수로 리스트형으로 변환하여 결과를 출력하면 된다.

values( )와 items( ) 함수도 위 실습과 동일한 방법을 이용하여 결과를 확인해 본다.

실습 9-14 coffee 딕셔너리 모든 값과 항목 출력

```
coffee = {"아메리카노":4700, "카페라테":5200, "모카":5700, "카푸치노":5200}

print(list(coffee.values( )))
print(list(coffee.items( )))
```

결과

출력
```
[4700, 5200, 5700, 5200]
[('아메리카노', 4700), ('카페라테', 5200), ('모카', 5700), ('카푸치노', 5200)]
```

반복문과 딕셔너리 항목 접근

딕셔너리에 저장된 항목을 순차적으로 순회하려면 반복문을 사용하면 된다. 앞 단원 for문 형식의 데이터 세트로 딕셔너리를 사용하여 반복할 수 있고, 딕셔너리의 항목 또한 차례로 출력할 수 있다.

실습 9-15 for 반복문과 딕셔너리 키 출력

```
01  coffee = {"아메리카노":4700, "카페라테":5200, "모카":5700, "카푸치노":5200}
02
03  for key in coffee.keys( ) :
04      print(key)
```

03번 행에서 coffee.keys( )는 키 목록 전체, 즉 ['아메리카노', '카페라테', '모카', '카푸치노'] 리스트를 반환하므로 for문의 key 변수는 해당 키 항목을 한 개씩 가져와 04번 행에서 출력한다. 참고로 coffee.keys( ) 대신 coffee 딕셔너리를 작성해도 결과는 동일하다.

딕셔너리에서 키 값이 있다면 항목의 값을 출력할 수 있다. 위의 반복문을 이용하여 coffee 딕셔너리의 키에 해당하는 값을 출력하여 보자.

실습 9-16 **딕셔너리 항목 출력**

```
coffee = {"아메리카노":4700, "카페라테":5200, "모카":5700, "카푸치노":5200}

for key in coffee.keys( ) :
    print(key)
```

결과

```
출력 아메리카노 : 4700원
     카페라테 : 5200원
     모카 : 5700원
     카푸치노 : 5200원
```

위와 같이 딕셔너리는 항목들의 관계를 키와 값으로 저장하여 직관적으로 연관 관계를 표현하기 때문에 리스트와 달리 연관 데이터 관리에 유용하다는 것을 알 수 있다.

다음은 리스트와 딕셔너리의 연관된 항목 처리에 대한 비교 내용이다.

리스트	딕셔너리
순서 기반 저장, 인덱스로 접근	키-값 쌍으로 저장, 키로 접근
coffee = ["아메리카노", "카페라테"] price = [4700, 5200]	coffee = {"아메리카노":4700, "카페라테":5200}

만약 데이터 관리에서 어떤 자료형을 선택할지 결정해야 한다면 다음의 내용을 참고하길 바란다. 순서가 중요하고, 인덱스를 통해 항목을 쉽게 접근하고 관리하고 싶다면 리스트 자료형을 선택하고, 키를 기반으로 데이터를 빠르게 조회하고, 연관 관계를 효율적으로 표현해야 할 경우에는 딕셔너리 자료형을 선택하여 활용하면 된다.

학습문제

1. 다음 튜플에 대한 설명으로 옳은 것을 고르시오.

① 튜플은 값을 자유롭게 수정할 수 있다. ② 튜플은 항목을 삭제할 수 없다.

③ 튜플은 중괄호로 생성한다. ④ 튜플은 중복 항목을 허용하지 않는다.

2. 다음 튜플을 생성한 코드로 올바른 것을 고르시오.

① a = ["커피", "차"] ② a = '"커피", "차"'

③ a = {"커피", "차"} ④ a = "커피", "차"

3. 다음 중 한 개 항목의 튜플을 생성하는 올바른 방법을 고르시오.

① a = ("커피") ② a = "커피"

③ a = ("커피",) ④ a = ["커피"]

4. 다음 중 실행을 했을 때 오류가 없는 코드를 고르시오.

코드

```
coffee = ("아메리카노", "카페라테", "모카")
```

① coffee[1] = "에스프레소" ② del coffee[-1]

③ coffee.append("에스프레소") ④ coffee[1] * 3

5. 딕셔너리에서 값을 찾을 때 사용하는 것과 관련이 전혀 없는 것을 고르시오.

① in 연산자 ② get() ③ append() ④ []

6. 딕셔너리에 항목을 추가하는 방법으로 올바른 것을 고르시오.

① del dict[key] ② dict.add(key, 값)

③ dict[key] = 값 ④ dict.insert(key, 값)

학습문제

7. 다음 딕셔너리에 대한 설명으로 옳지 않은 것을 고르시오.

① 딕셔너리는 키(key)와 값(value)의 쌍으로 데이터를 저장한다.

② 딕셔너리는 항목 간 순서를 가진다.

③ 키는 중복될 수 없으며, 값은 중복될 수 있다.

④ 딕셔너리는 인덱스가 아닌 키를 통해 항목에 접근한다.

8. 다음 코드 실행 후 출력되는 결과를 고르시오.

코드

```
coffee = {"아메리카노":4700, "모카":5700}
coffee["카페라테"] = 5200
print(len(coffee))
```

① 1 ② 2 ③ 3 ④ 4

9. 딕셔너리에서 키가 존재하는지 확인하는 코드로 올바른 것을 고르시오.

① "키" in 딕셔너리 ② 딕셔너리.get("키")

③ 딕셔너리.keys( ) ④ 딕셔너리.values( )

7. 튜플과 딕셔너리의 공통점으로 옳은 것을 고르시오.

① 항목의 값을 자유롭게 수정할 수 있다.

② 순서대로 항목을 저장한다.

③ 키-값 쌍으로 항목을 저장한다.

④ 여러 값을 저장할 수 있는 컬렉션 자료형이다.

학 습 문 제

10. 아래 코드 는 coffee 딕셔너리에서 카페라테의 가격을 출력하는 프로그램이다. 빈 줄에 들어갈 코드를 작성하시오.

코드

```
coffee = {"아메리카노":4700, "카페라테":5200, "모카":5700}
print(f"__________")
```

결과

출력 5200

11. 커피 메뉴와 가격으로 구성된 coffee 딕셔너리에서 가격이 4800원 이상인 커피 메뉴와 가격을 아래 실행 결과 와 출력하는 프로그램을 작성하시오.

코드 coffee 딕셔너리

```
coffee = {"아메리카노":4500,
          "카페라테":5000,
          "모카":4800,
          "카푸치노":4700,
          "에스프레소":4300}
```

결과

출력 카페라테 : 5000원
모카 : 4800원

CHAPTER

10 함수(function)는 자판기

1

함수 살펴보기

자판기 같은 함수란?

함수는 "프로그램에서 특정 작업을 수행하기 위해 사용하는 독립적인 코드의 집합(블록)"을 말한다. 앞 단원까지 이미 많은 함수들을 사용하였다. 대표적으로 화면에 출력할 때 사용하는 print( ) 함수, 데이터를 입력 받을 때 사용하는 input( ) 함수 등을 들 수 있다. 이와 같이 프로그래밍에서 매우 중요한 역할을 하는 것이 바로 함수인 것이다.

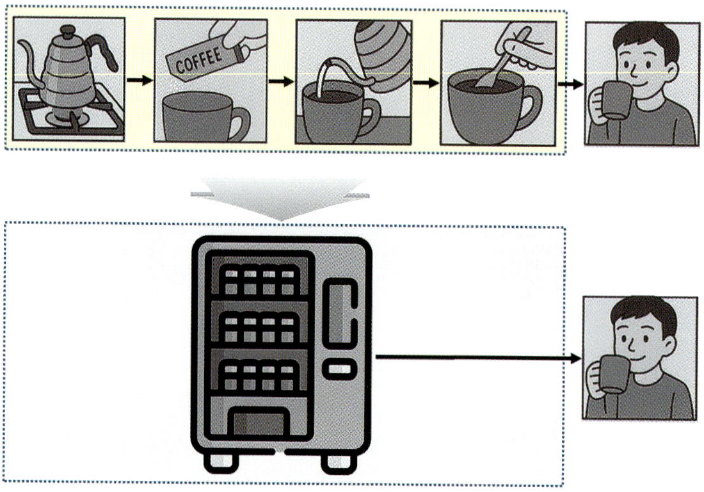

그림 10-1 커피 자판기와 같은 함수

함수가 프로그램에서 왜 필요한지 조금 쉽게 이해를 도울 수 있도록, 커피를 끓여 마시는 과정과 커피 자판기를 예시로 설명한다. 만약 우리 생활에 커피 자판기가 없다면, 커피를 마시고 싶을 때마다 매번 커피를 준비하고, 물을 끓이고, 끓인 물에 커피를 타야 하는 등의 여러 단계를 거쳐야 커피를 마실 수 있을 것이다. 또한 손님에게 커피를 대접하려면 앞의 여러 과정을 또 반복해야 하니, 매번 같은 일을 하는 것이 번거롭고 많이 귀찮을 수 있다. 하지만 커피 자판기만 있다면 커피를 마시고 싶을 때마다 자판기에 동전을 넣고 버튼만 누르면 바로 커피를 받아서 마실 수 있다.

커피 자판기 덕분에 매번 반복되는 번거로운 과정을 처리할 필요 없이, 필요할 때마다 간단하게 이용하여 쉽게 해결할 수 있다. 커피 자판기처럼 프로그래밍에서도 반복되는 작업에 유용하게 사용할 수 있는 도구가 있는데 바로 함수이다.

함수에는 파이썬이 제공하는 내장함수와 필요할 때 사용자가 직접 작성하는 사용자 정의 함수가 있다. 우선 파이썬에서 제공하고 있는 내장함수에 대하여 살펴본다.

이미 만들어진 자판기 : 내장 함수

파이썬 내장함수built-in function란 파이썬이 기본적으로 제공하는 함수를 말한다. 따라서 별도의 설치 과정 없이 필요할 때 얼마든지 사용할 수 있으며 공식 페이지[8] 에서 목록과 그 기능을 확인할 수 있다.

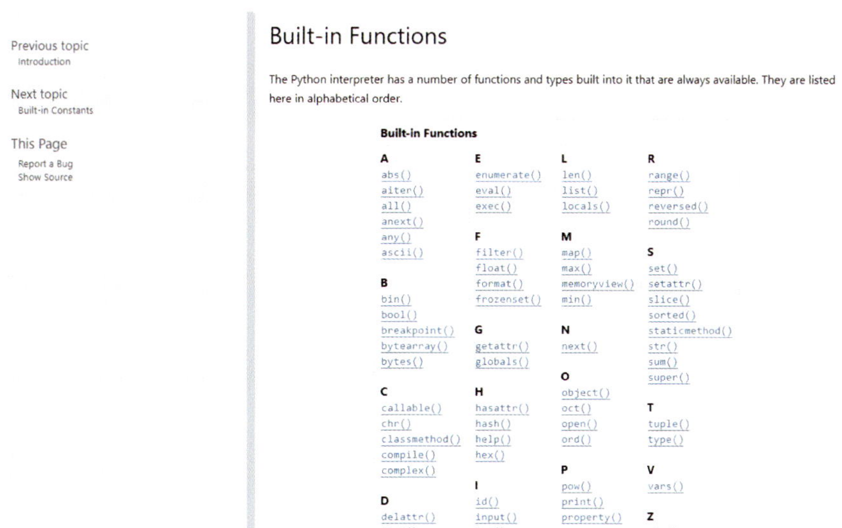

그림 10-2 파이썬 내장함수 공식 페이지 화면

8 https://docs.python.org/3.11/library/functions.html

다음과 같이 함수의 형식을 보면 함수 이름 뒤에 괄호가 붙어 있는 것을 확인할 수 있다.

함수 이름( )

함수는 사용에 따라 위 형식과 같이 별도의 반환값(결과값) 없이 단순 처리 목적으로 사용하는 함수와 반환값이 있는 함수가 있다. 지금까지 학습한 함수들 중에서 반환값이 없는 대표적인 함수가 바로 print( )이다. print( ) 함수는 괄호 안의 내용만 모니터 화면에 출력하고, 처리를 종료하며 어떤 값도 결과로 반환하지 않는다. print( ) 함수의 괄호 안에 "처음 만나는 파이썬" 문자열을 입력했을 뿐인데, 내부 처리 과정은 알지 못하지만, 어떤 처리 과정을 마친 후 모니터에 "처음 만나는 파이썬"을 출력해 준다.

실습 10-1 print( ) 함수

```
>>> print("처음 만나는 파이썬")
    처음 만나는 파이썬
```

프로그래밍 측면에서 입력이면 입력, 출력이면 출력 등, 특정 작업을 목적으로 하여 만들어진 기능의 도구를 함수라고 하는 것이다.

다음은 반환값이 있는 함수이며 아래 형식과 같이 결과의 반환값을 변수에 저장할 수 있다. 단, 상황에 따라 반환값만 확인하기 위해서 변수에 저장하지 않는 경우도 있다.

변수 = 함수 이름( )

len( ) 함수는 데이터 세트 자료의 크기 값을 구하여 정수로 반환해 주는 내장함수이다. 이때 반환되는 정수 결과를 저장하는 변수가 필요한데, 이때 변수는 바로 정수형 변수가 된다.

실습 10-2 len( ) 함수

```
>>> num = len("카페 파이썬")
>>> print(num)
    6
```

직접 만드는 자판기 : 사용자 정의 함수

앞서 살펴본 바와 같이 자주 사용하는 기능을 미리 만들어 쉽게 활용할 수 있도록 파이썬에서 제공해 주는 함수가 내장함수였다. 내장함수들을 사용하면 복잡한 작업도 쉽게 처리할 수 있었다. 하지만 프로그램을 만들다 보면, 내장함수만으로는 원하는 기능을 만들기 어려운 경우가 있다. 이때 사용자가 직접 함수를 만들어서 사용하는 함수를 사용자 정의 함수라고 한다. 아래 예시는 서로 다른 손님 3명의 커피 가격과 잔 수를 입력 받아서 총금액을 계산하는 프로그램이다.

실습 10-3 함수를 활용하지 않은 커피 판매 총금액

```
01  print("손님1 계산서")
02  price = int(input("커피 가격 : "))
03  cups = int(input("커피 잔 수 : "))
04  total = price * cups
05  print(f"총금액은 {total}원입니다.")
06
07  print("손님2 계산서")
08  price = int(input("커피 가격 : "))
09  cups = int(input("커피 잔 수 : "))
10  total = price * cups
11  print(f"총금액은 {total}원입니다.")
12
13  print("손님3 계산서")
14  price = int(input("커피 가격 : "))
15  cups = int(input("커피 잔 수 : "))
16  total = price * cups
17  print(f"총금액은 {total}원입니다.")
```

위 코드를 살펴보면 02번 행에서 05번 행까지 손님1의 커피 가격과 잔 수를 입력 받은 후 커피 판매 총금액을 계산하고 있다. 07번 행에서 17번 행까지 손님2와 손님3 커피 판매 총금액 계산이며 손님1의 작업과 동일한 작업을 반복하고 있는 것으로 확인된다.

위 코드가 좋은 코드라고 할 수 있을까? 만약 손님이 100명이라면, 같은 코드를 100번 작업하거나 100번 복사해서 붙여넣기 작업을 해야 하는 문제가 발생한다. 또한 커피 잔 수에 해당하는 cups 변수를 nums 변수로 변경해야 한다면, cups 변수를 모두 찾아 해당 개수만큼 변경 작업을 해야 한다. 그리고 변경 작업 과정에서 실수로 한 개라도 변경하지 못했다면 심각한 오류가 발생할 수도 있을 것이다. 따라서 동일한 코드의 반복 작업은 변경 작업 등의 유지 보수 관리가 어렵고 실수가 많아질 수 있는 등의 여러 가지 문제점을 가지고 있다.

이와 같은 상황일 때 활용할 수 있는 방법이 바로 커피 자판기와 같은 함수를 이용하는 것이다. 그런데 내장함수에는 "커피 판매 총금액을 계산" 함수가 없어 해당 기능을 할 수 있는 함수를 직접 만들어야 한다. 이때 사용자가 만드는 원하는 기능의 함수를 사용자 정의 함수라고 하는 것이다.

2

DIY 함수 : 사용자 정의 함수

사용자 정의 함수와 호출

앞서 살펴본 예시와 같이 내장함수만으로 해결할 수 없는 경우 사용자가 원하는 기능의 함수를 직접 작성해야 한다. 이러한 사용자 정의 함수는 아래와 같은 형식의 구조로 정의할 수 있다.

```
def 함수 이름([매개변수1], [매개변수2],…) : #함수 헤드
    실행 코드1
    실행 코드2                    #함수 몸체
    ...
    [return 반환값]
```

사용자 정의 함수는 함수 헤더와 몸체로 구성된다. 함수 헤드는 키워드 def를 사용하여 함수를 정의하며, 다음으로 함수 이름, 괄호, 괄호 내에 매개변수를 작성한다.

함수 이름은 사용자가 직접 식별자(변수) 작성 규칙에 따라 작성하면 된다. 매개변수는 함수에 전달되는 값을 받아들이는 변수를 정의하는 부분으로 전달되는 입력값이 없는 경우 생략 가능하다. 마지막으로 콜론(:)을 작성하여 함수 정의를 끝내고, 함수 몸체의 작성을 시작한다. 함수 몸체는 함수가 수행할 작업을 작성하는 부분으로 실행할 모든 코드들은 들여쓰기 하여 작성한다. return은 함수의 실행이 종료되면서 결과를 반환할 때 사용하며, 만약 반환값이 없으면 생략할 수 있다. 단, 반환값은 한 개만 가질 수 있다.

앞서 예시로 함수를 커피 자판기에 비유하여 소개를 했는데, 사용자 정의 함수 구조와 커피 자판기를 서로 비교해 본다면, 함수 이름은 커피 자판기 이름, 매개변수는 동전 투입구 및 커피 선택 버튼, 반환값은 선택한 커피라고 생각하면 이해하기 쉬울 듯하다.

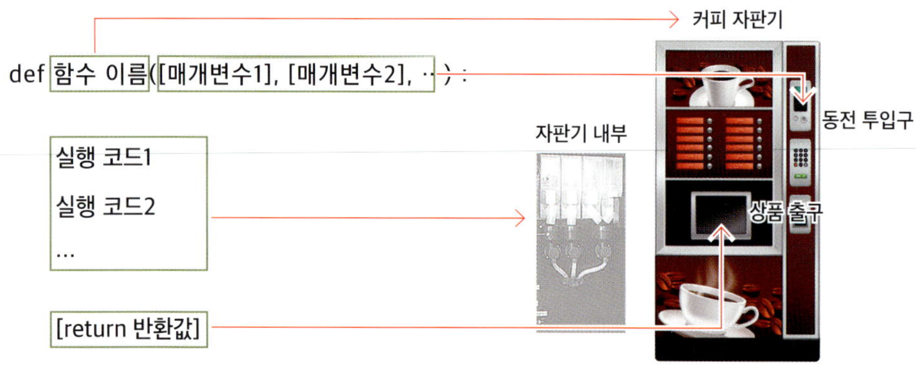

그림 10-3 사용자 정의 함수와 커피 자판기 비교

커피 자판기가 있다고 하여 바로 이용할 수 없는 것과 같이, 함수를 정의했다고 하여 함수가 자동적으로 실행되는 것은 아니다. 커피 자판기에 돈을 넣고 마시고 싶은 커피를 선택하여야 작동이 되듯, 사용자가 정의한 함수를 실행하려면 반드시 함수를 호출해야 한다. 사용자가 정의한 함수를 호출하는 문장의 형식은 앞서 살펴본 내장함수를 호출하는 형식과 동일하며 아래와 같이 함수 이름을 작성하면 된다.

① 함수 이름([인자1], [인자2] …)

② 변수 = 함수 이름([인자1], [인자2] …)

위 형식에서 ①번 형식은 함수로부터 결과값을 반환 받지 않는 호출 방법이며, ②번 형식은 함수로부터 결과값을 반환 받는 호출 방법이다. 여기서 인자[argument]는 함수 호출 시 함수 헤더의 매개변수 쪽으로 넘겨주는 값(전달해 주는 값)이며 전달 인자라고 한다.

전달 인자는 커피 자판기를 이용할 때 사용하는 동전으로 생각하면 이해가 쉬울 듯하다. 함수 호출 시 전달해야 하는 인자가 있다면 인자의 개수와 함수의 매개변수 개수는 항상 일치시켜야 한다. 그리고 함수 활용에 따라 전달할 값이 없어 생략되는 경우도 있다.

앞서 다루었던 예시 "커피 판매 총금액 계산하기"를 bill( ) 사용자 정의 함수로 정의하여 재작성한 프로그램은 다음과 같다.

실습 10-4 bill( ) 사용자 정의 함수를 활용한 커피 판매 총금액 구하기

```
01  def bill( ) :
02      price = int(input("커피 가격 : "))
03      cups = int(input("커피 잔 수 : "))
04      result = price * cups
05      return result
06
07  print("손님1 계산서")
08  total = bill( )
09  print(f"총금액은 {total}원입니다.")
10
11  print("손님2 계산서")
12  total = bill( )
13  print(f"총금액은 {total}원입니다.")
14
15  print("손님3 계산서")
16  total = bill( )
17  print(f"총금액은 {total}원입니다.")
```

01번 행에서 05번 행까지 손님들의 커피 가격과 잔 수를 입력하여 총금액을 계산하고 마지막 총금액을 반환하는 bill( ) 함수를 정의하였다. 정의된 bill( ) 함수는 바로 실행되지 않는 함수 정의 부분이고, 코드의 실행 시작은 07번 행부터이다. 08번, 12번, 16번 행에서와 같이 bill( ) 함수를 호출하면 비로소 01번 행에서 05번 행까지 함수가 실행이 된다.

손님1에 해당하는 코드만 참고하여 함수 호출 및 처리 과정을 살펴본다.

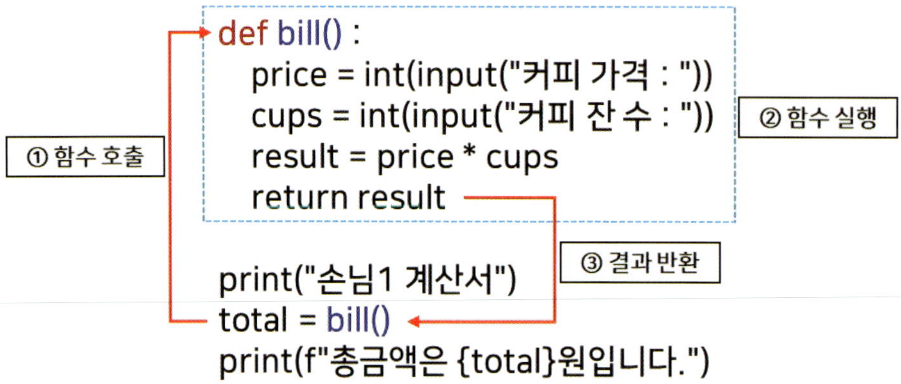

그림 10-4　손님1의 bill( ) 함수 호출 및 처리 과정

① 인자가 없는 bill( ) 함수를 호출하면 해당 함수의 헤더로 제어가 넘어가고, ② 해당 함수의 몸체를 구성하는 손님의 커피 가격과 잔 수를 입력 받아 총금액 계산, ③ return문을 만나면 계산 결과 result 값을 반환하고, 함수를 호출했던 곳으로 돌아가게 된다. 이때 함수를 실행하여 얻은 결과인 result 값을 bill( )을 호출했던 곳으로 전달(반환)한다. 최종 반환된 함수의 결과 값은 total 변수에 저장이 되며, 이후 총금액을 출력한다.

이후 손님2와 손님3의 함수 호출과 처리 과정은 손님1 처리와 동일하다.

함수의 인자와 매개변수 활용

앞서 예시를 통해 함수 정의와 호출에 대하여 살펴보았다. 이번에는 함수 호출 시 사용하는 인자와 매개변수 활용 방법에 대하여 살펴본다.

(1) 반환값이 없는 함수

함수 내부에서의 실행 결과 값을 호출한 위치로 다시 전달할 필요가 없는 경우에는 return문을 생략하거나 반환값 없이 return만 작성하면 된다. 일반적으로 반환값이 없는 경우 return문은 생략하는 경우가 많다.

실습 10-5 반환값이 없는 bill( ) 함수

```
01  def bill( ) :
02      price = int(input("커피 가격 : "))
03      cups = int(input("커피 잔 수 : "))
04      result = price * cups
05      print(f"총금액은 {total}원입니다.")
06
07  print("손님1 계산서")
08  bill( )
09
10  print("손님2 계산서")
11  bill( )
12
13  print("손님3 계산서")
14  bill( )
```

08번, 11번, 14번 행에서 bill( ) 함수를 호출하면 02번 행에서 05번 행까지 각 손님들의 커피 가격 및 잔 수를 입력 받아서 커피 판매 총금액을 계산한 결과를 출력한다. 호출한 함수로 반환할 값이 없기 때문에 return문은 생략하고, 반환값 없이 함수 호출 위치로 이동한다.

(2) 반환값이 있는 함수

반환값은 함수 처리에 따라 한 개이거나 여러 개가 있을 수도 있다. 반환값이 한 개인 경우는 "return 반환값" 형식으로 작성하며, 앞의 실습 10-4 에서 살펴봤다. 반환값이 여러 개인 경우 "return 데이터 세트" 형식으로 작성하면 된다. 형식의 데이터 세트에는 리스트, 튜플, 딕셔너리 자료형으로 작성할 수 있다.

데이터 세트로 작성해야 하는 이유는 무엇일까? 함수는 "return 반환값" 형식과 같이 반환값은 오직 한 개만 작성 가능하다. 반환값이 여러 개인 경우는 하나로 묶어서 표현해야 하기 때문에 해결할 수 있는 방법은 단 하나, 데이터 세트 자료형으로 작성하는 것이다.

예시로 "커피 판매 총금액 계산하기" 프로그램을 활용하여 반환값이 여러 개인 처리 과정을 확인해 보자.

실습 10-6 반환값이 여러 개인 함수 처리

```
01 def data( ):
02     d1 = int(input("커피 가격 : "))
03     d2 = int(input("커피 잔 수 : "))
04     return d1, d2
05
06 def bill(price, cups):
07     total = price * cups
08     print(f"총금액은 {total}원입니다.")
09
10 print("손님1 계산서")
11 price, cups = data( )
12 bill(price, cups)
13
14 print("손님2 계산서")
15 price, cups = data( )
16 bill(price, cups)
17
18 print("손님3 계산서")
19 price, cups = data( )
20 bill(price, cups)
```

data( ) 함수는 사용자로부터 커피 가격(d1)과 잔 수(d2)를 입력 받고, return을 통해 d1과 d2를 튜플로 반환하는 함수이다. bill(price, cups) 함수는 인자로 전달받은 price(커피 가격)와 cups(커피 잔 수)를 이용하여 총금액을 계산한 후, 그 결과를 출력하는 함수이다.

손님1 기준으로 커피 판매 총금액 계산의 함수 처리 과정을 살펴본다.

① data( ) 함수 처리 : 11번 행에서 data( ) 함수를 호출하고, 02번과 03번 행에서 커피 가격(d1)과 커피 잔 수(d2)를 입력 받은 후, bill( ) 함수에서 커피 가격과 잔 수 값이 필요하기 때문에 04번 행에서 입력 받은 d1과 d2를 튜플로 반환한다(튜플 대신 리스트도 가능하다). 11번 행에서 data( ) 함수 처리 후 반환 받은 결과는 price, cups = (d1, d2)와 같으며, 커피 가격인 d1 값은 price 변수에, 커피 잔 수인 d2 값은 cups 변수에 언패킹하여 각각 저장하게 된다.

② bill( ) 함수 처리 : 12번 행에서 bill(price, cups) 함수를 호출하고 인자를 06번 행의 bill( ) 함수의 매개변수에 전달한다. 07번 행에서 인자값을 전달 받은 매개변수 price와 cups를 곱하여 총금액을 계산한 후, 08번 행에서 총금액을 출력하고 손님1의 처리 과정을 마치게 된다.

참고로 bill(price, cups) 함수 호출 시에 인자와 매개변수 이름이 모두 동일하다. 실습을 통해 확인해 보았겠지만, 결과를 확인해 보면 오류 없이 실행이 된다. 해당 부분은 이후 내용인 지역변수와 전역변수에서 확인 바란다.

3

지역변수와 전역변수

변수는 사용할 수 있는 범위(scope)에 따라 크게 함수 내부에서만 사용하는 지역(local)변수와 프로그램 전체에서 사용할 수 있는 전역(global)변수로 나눈다. 프로그램을 작성하다 보면 간혹 의도한 대로 변수 범위가 제대로 지정되지 않거나, 앞서 경험한 것과 같이 변수 이름이 동일하게 사용되어 프로그램에 심각한 오류가 발생하기도 한다. 이러한 문제 상황을 해결하기 위해서 지역변수와 전역변수를 제대로 사용할 수 있도록 개념을 이해하고, 정확한 작성 및 사용 방법을 확인 바란다.

지역변수와 전역변수의 비교

앞서 설명한 것과 같이 프로그램 관점에서 지역변수는 범위가 정해져 있는 함수 내부에서만 사용되는 변수이고, 전역변수는 프로그램 전체에서 사용되는 변수이다.

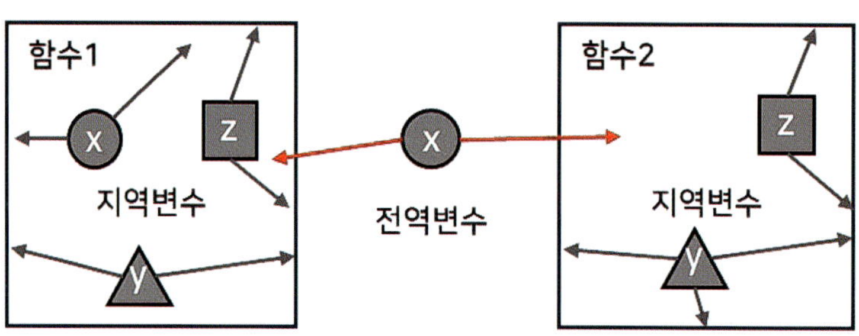

그림 10-5 지역변수와 전역변수 사용 범위

함수 내부에서 선언된 지역변수는 선언된 해당 함수 내부에서만 유효하다. 위 그림 10-5 에서 함수1의 지역변수 x, y, z는 함수1 내부에서만 사용할 수 있고, 함수2에서는 사용할 수 없다. 함수2의 지역변수 y, z는 함수2 내부에서만 사용할 수 있고, 함수1에서는 사용할 수 없다. 여기서 함수1과 함수2의 변수 y, z는 동일한 이름의 지역변수이다. 변수 이름이 동일하여 오류가 발생할 것 같지만, 서로 다른 함수에서 선언된 지역변수이기 때문에 동일해도 오류 없이 사용이 가능하다. 단, 동일한 함수 내에 선언된 동일한 이름의 지역변수는 사용할 수 없다.

함수 밖에 선언된 전역변수는 프로그램 전체에서 유효하다. 위 그림 10-5 에서 함수1과 함수2 밖에 있는 변수 x가 전역변수에 해당되며 함수1과 함수2에 모두 사용할 수 있다. 단, 전역변수 x와 함수1의 지역변수 x와 같이 동일한 변수 이름을 사용할 경우에는 지역변수 함수1의 x가 우선이 된다. 지역변수 x가 없는 함수2의 경우 전역변수 x를 사용할 수 있다. 다음의 프로그램을 참고하여 지역변수와 전역변수를 확인해 보자.

실습 10-7 지역변수와 전역변수

```
#함수 선언
def function1( ):
    x = 10
    y = 20
    z = 30
    print(f"function1 : {x}, {y}, {z}")

def function2( ):
    y = 40
    z = 50
    print(f"function2 : {x}, {y}, {z}")

#메인 코드
x = 100    #전역변수

function1( )
function2( )
```

02번 행에서 06번 행까지의 function1( ) 함수에는 지역변수 x, y, z가 선언되어 있고, 각 지역변수에 할당된 값을 출력하는 함수이다. 08번 행에서 11번 행까지 function2( ) 함수에는 지역변수 y, z가 선언되어 있고, 각 지역변수에 할당된 값을 출력하는 함수이다. 단 변수 x는 함수 내부에서 정의되지 않아서 전역변수의 영향을 받게 된다.

① function1( ) 함수 처리 : 16번 행의 function1( ) 함수를 호출하면 function1( ) 함수 내부의 지역변수 x, y, z에 대입된 값을 06번 행에서 "function1 : 10, 20, 30" 결과로 출력한다. function1( ) 함수 내의 지역변수 x와 전역변수 x는 동일한 변수명이다. 이 경우 지역변수가 전역변수보다 우선이기 때문에 지역변수 x의 10이 출력된다.

② function2( ) 함수 처리 : 17번 행의 function2( ) 함수를 호출하면 function2( ) 함수 내부의 지역변수 y, z와 함수 밖의 전역변수 x에 대입된 값을 11번 행에서 "function2 : 100, 40, 50" 결과로 출력한다. function2( ) 함수 내부에는 지역변수 x가 없기 때문에 전역변수 x에 대입된 100이 적용된 것이다.

만약 위 프로그램에서 전역변수 x가 없다면? function1( ) 함수 내부의 지역변수 x는 선언이 되어 있어 오류 없이 실행된다. 그런데 function2( ) 함수 내부에는 지역변수 x가 선언되어 있지 않고, 전역변수 x 또한 선언되어 있지 않기 때문에 아래와 같은 변수 선언 오류가 발생하게 된다.

오류 **변수가 정의되어 있지 않다.**

```
function1 : 10, 20, 30
Traceback (most recent call last):
        ~~ 중간 생략 ~~
    print(f"function1 : {x}, {y}, {z}")
NameError: name 'x' is not defined
```

위와 같은 문제를 해결할 수 있는 방법으로 변수를 선언할 수도 있지만, 또 다른 방법으로 "global 키워드"를 이용할 수 있다.

global 키워드

파이썬에서는 함수 내부의 지역변수를 전역변수로 변경하여 사용할 수 있는 명시적 선언 방법을 제공하고 있다. 함수 내부의 지역변수 앞에 "global 키워드"를 작성하여 전역변수로 선언할 수 있고, 선언된 전역변수는 프로그램 전체에 영향을 주게 된다.

실습 10-8 global 키워드

```
01  #함수 선언
02  def function1( ) :
03      global x
04      x = 10
05      y = 20
06      z = 30
07      print(f"function1 : {x}, {y}, {z}")
08
09  def function2( ) :
10      y = 40
11      z = 50
12      print(f"function2 : {x}, {y}, {z}")
13
14  #메인 코드
15  x = 100     #전역변수
16
17  function1( )
18  function2( )
```

03번 행에서 global 키워드로 지역변수 x를 전역변수로 재정의하면, 04번 행의 지역변수 x는 전역변수가 된다. function2( ) 함수는 지역변수 x가 없기 때문에 15번 행의 전역변수 x의 값이 적용되는 것이 아니라, 03번 행의 global로 재정의된 전역변수 x의 값을 모두 적용 받게 된다. 따라서 07번 행과 12번 행의 결과는 "function1 : 10, 20, 30", "function2 : 10, 40, 50"을 출력한다.

단, global 키워드는 함수 내부에서 반드시 변수 앞에 사용해야 하며, 아래와 같이 대입문을 사용할 경우에는 문법적인 오류가 발생한다.

오류 global 키워드를 할당문 앞에 사용

```
global x = 10

invalid syntax error
```

4

함수 활용 커피 자판기 프로그램

커피 자판기를 함수(vending_machine)로 표현하여 구현하는 프로그램을 작성해 본다. 자판기에서 판매하는 커피 목록과 가격은 딕셔너리로 저장하여 관리하고, 투입 돈과 선택한 커피를 입력 받을 수 있다.(단, 한 번 실행에 한 개의 커피만 선택할 수 있다.)

커피 자판기 함수 정의

① coffee_list 딕셔너리 : 자판기의 커피 목록과 가격

coffee_list = {"아메리카노":5000, "카페라테":5500, "카페모카":5300, "카푸치노":5200}

② vending_machine(money, coffee_choice) : 자판기 함수

def vending_machine(money, coffee_choice) :

#money : 투입한 돈, coffee_choice : 선택한 커피

커피 자판기 입력 처리

커피 자판기

아메리카노(5000원)

카페라테(5500원)

카페모카(5300원)

카푸치노(5200원)

#################

커피명을 선택해 주세요 : 아메리카노

돈을 투입해 주세요 : 7000

커피 자판기 출력 처리

① 선택한 커피가 자판기에 없는 경우 처리

"선택한 커피가 자판기에 없습니다." 메시지 출력

② 투입한 돈이 부족한 경우 처리

"돈이 부족합니다. 아메리카노의 가격은 5000원입니다."

③ 정상 작동일 경우에는 커피 제공 및 잔돈 처리

"아메리카노가 나왔습니다. 잔돈 1000원이 남았습니다."

함수 활용 커피 자판기 프로그램

실습 10-9 커피 자판기 프로그램

```
#커피 자판기의 커피 목록과 가격
coffee_list = {
  "아메리카노":5000,
  "카페라테":5500,
  "카페모카":5300,
  "카푸치노":5200
}

def vending_machine(money, coffee_choice) : #커피 자판기

  if coffee_choice not in coffee_list :  #음료 가격과 선택 확인
    return "선택한 커피가 자판기에 없습니다."

  coffee_price = coffee_list[coffee_choice]

  if money < coffee_price:  #돈이 부족한 경우
    return f"돈이 부족합니다. {coffee_choice}의 가격은 {coffee_price}원입니다."

  change = money - coffee_price      #커피  제공 및 잔돈
  return f"{coffee_choice}가 나왔습니다. 잔돈 {change}원이 남았습니다."

#커피 자판기 입력
print("#### 커피 자판기 ####")
for c, p in coffee_list.items( ) :
  print(f"{c}({p}원)")
print("################ ")
coffee = input("커피명을 선택해 주세요 : ")
price = int(input("돈을 투입해 주세요 : "))
```

```
29
30 #커피 자판기 실행
31 print(vending_machine(price, coffee))
```

02번 행에서 07번 행의 coffee_list는 자판기에서 판매하는 커피 목록 딕셔너리이며, 커피 이름은 키(key), 가격은 값(value)이 된다.

09번 행에서 20번 행까지는 커피 자판기에 해당하는 vending_machine( ) 함수이며, money와 coffee_choice 두 개 인자를 전달 받게 된다. money 매개변수는 자판기에 투입한 돈이며, coffee_choice는 사용자가 선택한 커피 이름이다.

함수 몸체에 해당하는 11번 행에서 12번 행까지는 선택한 커피가 자판기에 있는지 확인 후 적절한 메시지를 처리하고, 14번 행에서 17번 행까지는 선택한 커피가 있는 경우 해당 커피의 가격과 투입한 금액을 비교하여 금액이 충분한지 확인한 후 적절한 메시지를 처리하게 된다. 19번 행에서 20번 행까지는 투입한 금액이 충분할 경우 선택한 커피와 잔돈을 계산하여 커피 제공 및 잔돈을 출력한다.

23번 행에서 28번 행까지는 커피 자판기에서 커피를 선택(coffee)하고 투입 금액(price)을 입력한다. 31번 행에서 커피 자판기 실행 vending_machine( ) 함수를 호출하고 입력한 커피와 금액을 인자로 호출 함수에 전달한다.

학 습 문 제

1. 함수를 사용하는 주된 이유로 가장 알맞은 것을 고르시오.

① 프로그램을 더 복잡하게 만들기 위해　② 동일한 코드를 반복 작성하지 않기 위해
③ 변수 사용을 줄이기 위해　④ 프로그램 실행 속도를 늦추기 위해

2. 파이썬 내장함수에 해당하지 않는 것을 고르시오.

① print( )　② input( )　③ bill( )　④ len( )

3. 다음 중 함수 정의 형식으로 옳은 것을 고르시오.

① define 함수 이름( ) :　② def 함수 이름( ) :
③ function 함수 이름( ) :　④ class 함수 이름( ) :

4. 다음 중 반환값이 여러 개인 경우 사용하는 자료형으로 적절한 것을 고르시오.

① 정수형　② 불형　③ 문자열형　④ 리스트형

5. 함수 내부에서 선언된 변수를 무엇이라고 하는지 고르시오.

① 지역변수　② 매개변수　③ 전역변수　④ 상수

6. 함수 호출과 매개변수 전달의 설명으로 틀린 것을 고르시오.

① 함수 호출 시 전달하는 값을 인자라고 한다.
② 매개변수와 인자의 개수는 동일해야 한다.
③ 매개변수는 함수 정의 시 입력값을 받기 위한 변수이다.
④ 함수 호출 시 인자는 생략할 수 없다.

학 습 문 제

7. 함수에서 반환값이 없다면 return문에 대한 알맞은 설명을 고르시오.

① 반드시 작성해야 한다. ② 생략하거나 return만 작성한다.
③ print문 대신 작성한다. ④ 함수 정의에서 사용할 수 없다.

8. 다음 코드 를 실행 후 출력되는 결과로 알맞은 것을 고르시오.

코드

```
x = 100

def myfunc( ):
    x = 10
    print(x)

myfunc( )
print(x)
```

① 10, 10 ② 10, 100 ③ 100, 10 ④ 100, 100

학 습 문 제

9. 다음 **코드** 를 실행 후 출력되는 결과로 알맞은 것을 고르시오.

코드

```
x = 50

def test( ):
    global x
    x = 20
    y = 10
    print(f"{x}, {y}")

test( )
print(f"{x}")
```

① 20, 10, 20　② 20, 10, 50　③ 50, 10, 50　④ 50, 10, 20

9. 아래 **코드** 를 참고하여 빈 줄에 들어갈 코드를 주석을 참고하여 작성하시오.

코드

```
def greeting( ):
    print("안녕하세요")

______________ #greeting 함수 호출
```

결과

```
출력 안녕하세요.
```

학 습 문 제

10. 아래 코드 에서 count_length 함수는 전달 받은 문자열의 글자 수를 구하여 반환하는 함수이다. 빈 줄에 들어갈 코드를 작성하시오.

코드

```
def count_length(text):
    length = ____________
    return length

result = count_length("Hello Python")
print(result)
```

결과

출력 12

11. 아래 코드 에서 calculate 함수는 두 수를 더한 결과와 뺀 결과를 반환하는 함수이다. 빈 줄에 들어갈 코드를 작성하시오.

코드

```
def calculate(n1, n2):
    add = n1 + n2
    sub = n1 - n2
    ________________

____________ = calculate(10 , 2)
print(r1, r2)
```

학 습 문 제

12. 아래 실행 결과 와 같이 사용자로부터 이름을 입력하여 인사말을 출력하는 함수를 작성하시오. (함수 이름은 greet로 하며, 반환값 없이 결과만 출력하는 형태로 작성하시오.)

결과

출력 이름을 입력하세요 : 철수

철수님, 안녕하세요!

동국대학교 저서출판 지원사업 선정도서

이 저서는 2024년도 동국대학교 연구비지원을 받아 수행된 연구결과물임.
This work was supported by the Dongguk University Research Fund of 2024

루키를 위한 길잡이 with 파이썬

2025년 12월 15일 초판 1쇄 인쇄
2025년 12월 24일 초판 1쇄 발행

지은이 안형근
발행인 박기련
발행처 동국대학교출판부

출판등록 제1973-000004호(1973.6.28)
주소 04626 서울시 중구 퇴계로36길2 신관1층 105호
전화 02-2264-4714
팩스 02-2268-7851
Homepage http://dgpress.dongguk.edu
E-mail abook@jeongjincorp.com

디자인 Design Waps
인쇄처 건영프린텍

ISBN *978-89-7801-316-1　93000*

값 20,000원